中国传统器物

主　编：张鸳鸳　佘国秀　成　瓅
副主编：李　敏　唐国龙　王婧劼
参　编：索　超　代　玲　朱　妍
　　　　朱奇嘉　江思宇　刘　慧
　　　　宋　畅

四川大学出版社
SICHUAN UNIVERSITY PRESS

图书在版编目（CIP）数据

中国传统器物 / 张鸳鸳，佘国秀，成璨主编. — 成都：四川大学出版社，2022.4
ISBN 978-7-5690-5408-8

Ⅰ. ①中… Ⅱ. ①张… ②佘… ③成… Ⅲ. ①古器物—介绍—中国 Ⅳ. ①K875

中国版本图书馆CIP数据核字（2022）第048038号

书　　名：	中国传统器物 Zhongguo Chuantong Qiwu
主　　编：	张鸳鸳　佘国秀　成　璨
选题策划：	许　奕
责任编辑：	蒋姗姗
责任校对：	荆　菁
装帧设计：	郑雨婷　璞信文化
责任印制：	王　炜
出版发行：	四川大学出版社有限责任公司 地址：成都市一环路南一段24号（610065） 电话：（028）85408311（发行部）、85400276（总编室） 电子邮箱：scupress@vip.163.com 网址：https://press.scu.edu.cn
印前制作：	四川胜翔数码印务设计有限公司
印刷装订：	成都市新都华兴印务有限公司
成品尺寸：	185mm×260mm
印　　张：	9.75
插　　页：	10
字　　数：	248千字
版　　次：	2022年8月 第1版
印　　次：	2022年8月 第1次印刷
定　　价：	49.00元

本社图书如有印装质量问题，请联系发行部调换

版权所有 ◆ 侵权必究

四川大学出版社
微信公众号

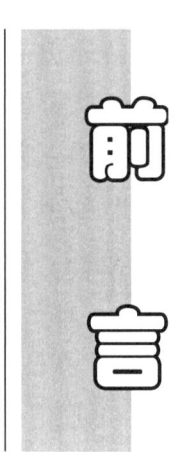

前言

中华民族自史前时代就创造了世界器物史的奇观,绚烂夺目的彩陶是世界物质文化领域的璀璨明珠,承载着古代先民朴素的造物观、物用观、生态观与人际观。被称为"吉金"的青铜钟鼎彝器,见证了奴隶制社会的宗法、礼仪制度,传达出器物在天、地、人精神沟通中的媒介作用。古老、神圣的玉器凝聚着古人的宇宙观与天命观,孔子曰,"夫昔者,君子比德于玉焉",说明以美玉比喻君子高尚的德行古已有之。器物与人的关系不仅表现在物用的层面,还表现在精神联系层面。精美绝伦的漆器不仅表现出古代漆工坚韧耐劳的品质,也表现出其极大的耐心与高超的技艺。巧夺天工的金银器则留存了古代历史上中华文化与中亚、西亚、拜占庭文化交流融合的痕迹。中国的瓷器随着丝绸之路的延伸传播到世界各国,成为中国的文化名片。历代的家具则反映出中国人坐、卧等生活方式的历史变化。传统器物是我们了解过去、服务当下、走向未来的重要媒介。

钟鸣鼎食、金声玉振是对中国传统器物建构的生活方式的生动写照,种类繁多、各式各样的器物构造着古人的文化生活。我们知道,中国传统器物是中国古代人民造物智慧的结晶,是古代设计思想的实践转化,也是中国优秀传统文化的物质载体，同时还充当了现代设计取之不竭的灵感来源。各历史时期的器物承载着不同的时代精神与社会风貌，表达着不同的审美趣味与文化诉求，但其中都蕴含着中国人共通的思想观念与行为方式的基本法则——天人合一，以及由此衍生的"制器尚象""制器尚用""有无相生"等造物观。系统学习了解中国传统器物，对建设中国当代生活美学，构建积极、健康、可持续的生活方式具有重要的意义。

撰写本教材及开设相关课程的目的就是在中国传统器物文化中寻求时尚之源，重新审视传统器物的造物思想与物用观念，借鉴与转化传统器物的形态之美，使现代设计传承传统文脉，立足本土文化，在保有文化自信的基础上思考中国设计的未来走向，并对丰富的地域文化进行创新性传承与创造性转化。

本教材有七章。第一章是新石器时代陶器，第二章是夏商周青铜器，第三章是秦汉陶俑、铜器、漆器，第四章是隋唐金银器、铜器、漆器、陶瓷，第五章是宋元瓷器、金银器、漆器，第六章是明清家具、陶瓷、金银器、铜器，第七章是设计应用。其中，第一章至第六章分别选取了各历史时期具有代表性与较高设计研究价值的器物进行重点讲解，以历史文化为线索，力求以线串珠，贯通一部中国传统器物史。第七章则着眼于设计转化的理论阐述与实践创新。由于本教材编者身处器物文化资源丰富的巴蜀之地，所以在教材编写过程中着意介绍了古代巴蜀相应类别的代表器物，以飨读者。

本教材的特色主要体现在两个方面：

第一，以高校一流专业课程和一流专业建设为坚实依托，线上线下资源丰富。本教材结合了编者2017年在知识付费平台"家家之道"上开设的历史类博物馆语音专栏《闲话镇馆之宝》的相关原创音频资源，以及两本以《闲话镇馆之宝》为名的同名著作中的部分内容。同时，与一流课程（"中国传统器物"）、一流专业（"产品设计""视觉传达设计"）、成都大学优势学科（设计学）的建设紧密结合，课程教师团队录制了400多分钟的授课视频，作为本教材的线上教学资源。

第二，以弘扬天府文化、增强文化自信为己任。本教材在介绍不同时代中国传统器物的同时，专门介绍巴蜀优秀器物代表，如三星堆青铜器、金沙金器、汉代巴蜀陶俑等，并结合艺术学、历史学、考古学、社会学等多学科的内容，从设计学的视角出发，深度解读器物造型之美，以及器物中蕴含的历史文化与造物思想，联系当下日常生活审美化的趋势，坚定、自信地进行传统设计的现代转化。

基于本教材的宗旨、内容、特色，编者希望通过本教材及相关课程的学习达成以下目标：

1. 增强学习者对中国器物文化的了解。
2. 提高学习者对中国传统器物艺术特征的认识与应用、转化能力。
3. 提高学习者的设计创新能力，将传统器物的艺术精髓运用到当代产品设计中，并为其他专业课程的深入学习提供素材及有益借鉴。
4. 提高学习者的审美能力、人文素养和综合表现能力。

期待通过本教材，学习者能够得到"四个一"：①一张关于中国传统器物的知识地图；②一条从时间和空间两个维度串联起来的"历史—文化—艺术"线索；③一个进行设计研究的基本框架；④一把用中国传统造物智慧启迪现代设计的钥匙。

感谢在编写、出版过程中提供帮助的所有人，特别向参与本书编撰与修订工作的研究生同学代玲、朱妍、朱奇嘉、张皓玥、夏轶凡、江思宇、刘慧（排名不分先后）致以由衷的谢意。

因本教材涉及学科专业较多，内容庞杂，历史跨度大，体系构建和素材收集整理具有一定的难度，加之编写时间仓促和编者能力有限，书中难免存在疏漏和不足，敬请各位专家和读者批评指正，以便后续修订完善。

编　者

2021 年仲秋于成大花园

目录

第一章 新石器时代陶器 ……………………………………（ 1 ）
  第一节 新石器时代陶器概述 ………………………………（ 1 ）
  第二节 新石器时代彩陶 ……………………………………（ 2 ）
  第三节 新石器时代其他陶器 ………………………………（ 7 ）

第二章 青铜器 ………………………………………………（ 10 ）
  第一节 青铜器艺术源流 ……………………………………（ 10 ）
  第二节 巴蜀青铜器 …………………………………………（ 40 ）

第三章 秦汉陶俑、铜器、漆器 ……………………………（ 57 ）
  第一节 秦汉陶俑 ……………………………………………（ 57 ）
  第二节 秦汉铜器 ……………………………………………（ 66 ）
  第三节 秦汉漆器 ……………………………………………（ 80 ）

第四章 隋唐金银器、铜器、漆器、陶瓷 …………………（ 85 ）
  第一节 隋唐金银器 …………………………………………（ 85 ）
  第二节 隋唐铜器 ……………………………………………（ 88 ）
  第三节 唐代漆器 ……………………………………………（ 91 ）
  第四节 隋唐陶瓷 ……………………………………………（ 94 ）

第五章 宋元瓷器、金银器、漆器 …………………………（ 97 ）
  第一节 宋元瓷器 ……………………………………………（ 97 ）

第二节　宋元金银器……………………………………………………（105）
　　第三节　宋元漆器………………………………………………………（111）

第六章　明清家具、陶瓷、金银器、铜器……………………………（114）
　　第一节　明清家具………………………………………………………（114）
　　第二节　明清陶瓷………………………………………………………（120）
　　第三节　明清金银器、铜器……………………………………………（125）

第七章　设计应用…………………………………………………………（130）
　　第一节　产品设计的符号………………………………………………（130）
　　第二节　产品语义设计…………………………………………………（139）

主要参考文献………………………………………………………………（143）

第一章　新石器时代陶器

陶器是泥作与烧造工艺的产物，陶器的出现意味着远古人类在使用石器的同时，开始用自然界中易得、易塑的黏土制作日用器皿，满足生存需要。存留至今的新石器时代陶器反映了远古先民的生活，它们是逝去时间的物质遗存。

第一节　新石器时代陶器概述

一、陶器简介

陶器的起源缺乏史料记载，尘封于历史的时间隧道中。上古时期，有许多关于陶器发明的神话传说流传至今，可以作为探寻陶器渊源的线索。如《逸周书》中记载"神农耕而作陶"。神农是传说中的三皇之一，他教会人们制作耒耜、种植五谷和制作陶器，还发明了医药，开辟了集市，后世将他称为农神、陶神和药神。这则传说虽无法考证，但至少说明陶器是伴随着远古人类农耕定居生活产生的。

新石器时代出现了原始陶器。人们的造型观念和造型能力发展到一定水平。人们掌握了泥作的技术，懂得了选料、备料、配比、捏塑和盘筑（后来出现了陶轮，包括慢轮与快轮）的基本原理，同时，能够利用火，使塑形的黏土器皿在烧造中发生质变，最终定型成器，为人所用。与石材、骨角材质相比，黏土除了易得之外，还具有较强的可塑性与延展性，正是这些特性大大提升了人类创意思维转化为实践的可能。从这个角度看，陶器是人类造型史、设计观念史的一座丰碑。

新石器时代的陶器是为了满足人类生存需要而发明的。从功能上讲，它们是易得、实用、成本低廉的日用之器；从审美的角度看，它们是精美的艺术品，具有独特的艺术风格和强烈的时代气息。古人对造型的设计首先考虑实用性，如仰韶文化半坡类型的尖底瓶，根据汲水功能的要求，形成底尖、腹长、口小的造型特征。尖底使其容易克服水的表面张力，沉入水中，长腹和小口使其能巧妙地利用水的平衡原理，使空瓶盛水后重心不断变化，保持瓶口持续进水。尖底还能直接插入松软的泥土或砂土中，保证稳定。因此，尖底瓶具有一物多用的特点。还有大汶口文化的一种背壶，其造型特点：球形的腹部有一面呈扁平状，在腹部扁平面两侧的部位安排两个环状耳，用以穿绳。背水时，壶腹扁平的一面以及背绳都贴着人的身体，从而使人感到比较省力且舒适。这种造型较好地处理了人和器皿的关系，已经具有现代人体工学意义。此外，鼎、鬲、甗等炊具的造型则尽可能考虑受热面积与燃料使用率的最大化，器物的袋足就是典型的例子。

二、新石器时代陶器发展的三个阶段

根据考古学成果，新石器时代陶器的发展可划分为三个阶段。

（一）第一阶段：新石器时代早期的陶器（距今11000~7000年）

1. 以夹炭陶为主的浙江地区早期陶器（上山文化）。
2. 以红陶为主的黄河中上游地区早期陶器（裴李岗文化、大地湾文化一期）。

（二）第二阶段：新石器时代中期的陶器（距今7000~5000年）

1. 黄河中上游地区以彩陶为特征的仰韶文化陶器。
2. 鲁南、苏北地区多姿多彩的大汶口文化陶器。
3. 钱塘江下游和环太湖地区向轮制灰黑陶发展的陶器。

（三）第三阶段：新石器时代晚期的陶器（距今5000~2000年）

1. 马家窑文化彩陶。
2. 龙山文化轮制黑陶。

在我国，新石器时代的陶器遗址分布十分广泛，几乎遍布全国。从工艺发展来看，其大多经历了红陶、彩陶、黑灰陶这样三个阶段。在迄今为止考古发现的大部分新石器时代文化遗址中，陶器均占突出的地位，尤其是黄河流域仰韶文化、马家窑文化的彩陶和龙山文化的黑陶以其卓越成就被誉为中华民族童年时代的艺术明珠。它们是中华民族史前文化的丰碑，其意义远远超出艺术设计范畴。它们以器物的形式承载了远古先民的自然观、物用观与审美观。

第二节　新石器时代彩陶

新石器时代彩陶一般是指先在坯上施彩，然后入窑一次烧成的绘彩陶器。这种陶器在工艺技术上的特点表现为三个方面：第一，陶坯多为手制，常用慢轮修整；第二，器型规整，陶质细腻；第三，表面或经亚光，或施红、白与其他颜色的化妆土。

使用化妆土是优化彩陶外观的一个工艺程序，一般是将较细的陶土经淘洗加工，用水调和成泥浆涂在陶器坯体表面，器物表面会留有一层薄薄的色浆，入窑烧成后就形成陶衣。陶衣就是化妆土的最终表现形式，有红、白、赭等颜色，它使陶器表面光洁细腻，彩陶花纹也因为陶衣的衬托而获得视觉上的鲜明性，器物因之具有了美用兼备的品质。

彩陶的装饰纹样非常丰富，从题材看，有人物纹、动物纹、植物纹、几何纹以及云纹、水纹等自然纹样。这些纹样体现了重复、对称、对比、调和、平衡等现代设计规律。彩陶在对比色的运用上十分突出，色彩配合协调，体现出远古先民的色彩观与色彩运用技巧。在装饰纹样中，大量出现的有编织纹和几何纹，线条具有规律性，富有极强的节奏感与动感。有的器表上彩纹和底色互相衬托，形成"双关图案"，也就是我们今天常说的"双重编码"。这是古人设计智慧的体现。这种图底构成模式一直沿用至今，成为我国工艺美术的传统装饰手法之一。

绝大多数彩陶都是日常生活用具，有饮食器、炊具、盛器等，具有满足人们生活需要的实用功能。常见的器型有盆、碗、壶、罐、瓮等，器型虽然简朴，但是在造型设计上却颇具匠心。器物的各部分运用不同的比例变化，构成柔和、优美的轮廓曲线，同一种器型的种类样式繁多，并因各地区生存条件与习俗不同而各具特色。

新石器时代中期正是母系氏族社会的鼎盛时期，此时的彩陶伴随农耕定居生活方式的成熟而遍地开花，成为新石器时代的三个重要标志之一。根据考古发现，彩陶在黄河流域和长江流域分布相对密集，见于仰韶文化、马家窑文化、大汶口文化、大溪文化、屈家岭文化等。此外，还有北方的红山文化、富河文化以及新开流文化等。总体看来，在新石器时代绚烂丰富的彩陶中，以仰韶文化和马家窑文化的彩陶最具特色。

一、仰韶文化彩陶

仰韶文化是新石器时代具有代表性的文化，主要分布在黄河流域，在河南、陕西、山西、甘肃、河北、宁夏、内蒙古等都有发现，距今 7000～5000 年。仰韶文化是中国近代考古学史上第一个以遗址地命名的考古学文化，在中国考古学研究和考古学史中占有重要地位。

仰韶文化陶器均为手工制作，以夹砂红陶和泥质红陶为主。器型主要为钵、盆、瓶等。这一时期的陶器中，平底器较为常见，三足器和圈足器很少，小口尖底瓶是这一时期极具特色的代表器物。

彩陶是仰韶文化的标志，仰韶文化也因之被称为"彩陶文化"。仰韶文化彩陶的发展分为早、中、晚三个时期。早期和中期的彩陶以黑彩为主，中期还出现了红彩和白衣彩，晚期则以红彩为主。彩陶器型非常丰富，有杯、钵、碗、盆、罐、瓮、瓶、釜、灶、鼎等。

彩陶装饰图案主要是花卉图案和几何图案，此外还有动物图案，以鱼纹最为突出，既有单一的鱼纹，也有鱼与水鸟、鱼与人结合的奇特图案。几何图案则以直线、曲线、折线、圆点和弧边三角等组成几何纹，大多通过二方连续的构图方式形成装饰带，出现在器物外壁。个别器物内壁出现彩绘图案，极少有器物通体遍布装饰图案。仰韶文化彩陶的图案把自然界的山水风雨、日月星辰、鱼鸟蛙人等形象抽象为大小不一的点、变化多端的线以及形态各异的几何纹，或将自然现象、飞禽走兽乃至人类的自我形象写实地描摹刻画在器壁上，表现出先民对自然、宇宙以及人类自身的认知与理解。

（一）人面鱼纹彩陶盆

人面鱼纹彩陶盆是仰韶文化半坡类型彩陶中的代表性器物，它并非日常生活器皿，而是丧葬用具。盆中绘有黑色的人面纹和鱼纹，对称排列。人面纹为圆形，双眼为两道直线，鼻呈倒"T"形，口为"工"形，耳部、头顶与两颊均为三角状变形鱼纹，人面纹两侧饰有首尾相背的侧面鱼纹，该鱼纹较为写实，鱼目清晰可见。盆的口沿上有向内指的三角（或箭头符号）和竖线相间排列，形成了奇特的人鱼合体图案。据考古学家研究，仰韶文化中流行一种瓮棺葬的习俗，即把夭折的儿童放置于陶瓮中，以瓮为棺，以盆为盖，埋在房屋附近。人面鱼纹彩陶盆在半坡遗址中发现较多，出土时覆盖在瓮棺上作为葬具的顶盖，盆底部有小孔。这种人鱼结合题材的图案，可能与当时人们的图腾崇拜、民间信仰（巫术）以及经济生活有关，也可能寄予了人们对夭折儿童来世的期盼。特别是盆底的小孔，更是引发了人们对其功用的多种猜测。

（二）小口尖底瓶

小口尖底瓶（图1-1）瓶身呈纺锤状，也称倒锥体。口小，圆形，呈杯状。其颈部略细于口部，身腹中部圆鼓，底部呈尖锥形，器身中部有左右对称的环形器耳，可系绳。颈部以下饰黑彩，器身上腹部饰细密的斜向绳纹，器表其余部分为素面。关于小口尖底瓶的用途，说法较多：一般认为它是当时的一种汲水器，利用重心转换原理来调节平衡，可以方便地从河流中取水，显示了原始农业出现后，人们日常汲水与贮存、饮水的功能性需要；另一种说法认为它可能与原始宗教和礼仪有关；还有一种说法认为它是古代的计时器。《荀子·宥坐》中记载，有一次孔子到鲁桓公庙参观，见一倾斜放置的小口尖底瓶，不知是何物，就问守庙的人。守庙的人回答是宥坐之器（应为劝诫的意思）。孔子便说，听说这宥坐之器，虚则欹，中则正，满则覆，果真如此吗？取水试验后发现确实如此，孔子感慨地说，正是古语所说，满招损，谦受益。造型别致而美观的小口尖底瓶有着丰富的意义和内涵，凝聚了古人的智慧与创造力。

图1-1 新石器时代仰韶文化小口尖底瓶
西安半坡博物馆藏

(三) 彩陶几何纹盆

彩陶几何纹盆（图1-2）属于仰韶文化半坡类型，为泥质红陶，折沿，深直腹，圜底。盆的口沿及外壁均以黑彩描绘纹饰，口沿上描绘以点定位的水波纹，腹部则为两层三角形几何纹。在两层三角形装饰带中，三角形的大小及形状相同，但方向相反。如果与口沿的水波纹相联系，这些三角形几何纹可能是由鱼纹抽象变形而来，但也有可能是纯粹的装饰图案。

图1-2 新石器时代仰韶文化彩陶几何纹盆
北京故宫博物院藏

二、马家窑文化彩陶

马家窑文化又称甘肃仰韶文化，是黄河上游的一种新石器时代文化，与仰韶文化关系密切，而又有一定的差异，距今5000年左右。马家窑文化彩陶十分发达，是我国彩陶艺术发展巅峰的代表，彩陶在所有陶器中约占80%，这个比例在目前已发掘的所有出土彩陶的文化遗址中是最高的，在世界彩陶艺术史上也创造了辉煌的奇观。2021年6月19日，"马家窑文化学术报告会暨彩陶珍品展"与会专家王志安在接受《民族日报》记者采访时说："马家窑文化彩陶分布区域之广、时间跨度之久、蕴藏数量之大、造型纹饰之美、文化内涵之深都达到了世界彩陶文化的最高峰，这种认识已经在学术界取得共识。"

马家窑文化彩陶大多采用泥条盘筑法制作，器表光洁细腻，器型优美、饱满，种类丰富，盆、钵、壶、罐、瓮、碗等日常生活器皿皆有，但最令人神往的还是器表的彩绘图案。这些图案以黑彩为主，兼用红、白彩，在器物的肩、上腹或器内壁绘制，颜色鲜艳，线条流畅而富有动感。有的图案来自对自然的写实，如各种花瓣纹、水波纹、漩涡纹、鸟纹、蛙纹，还有许多抽象的几何图案，如锯齿纹、同心圆、菱形纹等。这些图案发挥了线条无限的创造力，线条图案极具想象力、古朴优美，迸射着原始艺术神秘的魅力，包含了史前文明众多的文化信息，是我们珍贵的物质财富。

(一) 涡纹彩陶罐

涡纹彩陶罐有"彩陶之王"的美誉，此罐为泥质红陶，器型高大，敛口，宽肩，腹以下渐收，平底，腹两侧有半环耳，便于系绳提拿，从口沿、肩部到腹部，用弦纹分成大小三组，用黑彩绘出漩涡纹和水波纹，线条流畅，图形美观，繁简有致，瑰丽典雅。其彩绘技法已相当成熟，浑然天成而又富有张力。这种漩涡纹是远古先民对自然现象细致观察的图案化写照。彩陶罐的纹饰可以完整呈现在观者的俯瞰视野中，流畅自然的线条蕴蓄生命的力量，使人联想到黄河水域无数迅疾的漩涡和跃动起伏的波浪，或者黄河急流中激起的圈圈涟漪。这些纹饰展现了远古先民对母亲河的视觉感受与艺术表达。这件涡纹彩陶罐是马家窑文化中期彩陶的杰出代表，也是马家窑文化的典型器物。

(二) 舞蹈纹彩陶盆

舞蹈纹彩陶盆由细泥红陶制成，鼓腹，卷口，平底，内外施黑彩。盆内壁口沿绘三条均匀的弦纹与一条略粗的弦纹，粗弦纹上画有三组规则间隔的舞蹈人物，每组五人，手牵手，脸整齐地朝向右侧，每个人物都向相同方向迈步，一组之内的五人步调一致，三组之间也保持同一节拍，人物头上都有朝向左下方的发辫状饰物，身下也有向右荡起的配饰，与头部饰物相反的方向恰好凸显出人物的动态。各组第一人与第五人外向的手臂均由两条线构成，看似轻盈舞动的手臂或衣袖。三组人物与弦纹配合，给人以水波荡漾而舞蹈者在水边伴着鼓乐与歌声起舞之感。水面的波动与人物的舞蹈动作十分协调。这一载歌载舞的热闹场景可能与氏族社会人们的祭祀活动或巫术密切相关。舞蹈者通过仪式化的集体舞蹈动作表达对祖先的追思，或者传达对风调雨顺、五谷丰登的祝祷。舞蹈纹彩陶盆内壁的三组人物图像采用单色平涂手法，简洁明快，是我国早期的人物画。

(三) 彩陶蛙纹壶

彩陶蛙纹壶（图1-3）为泥质红陶，器表细腻光洁，口外侈，唇薄，器身腹部呈球形，腹部两侧有双耳，小平底。球形器腹上以黑彩描绘变形蛙纹。蛙纹是生殖繁衍的象征，变形蛙纹是马家窑文化马厂类型彩陶上常见的装饰纹样之一，体现了远古先民的生殖崇拜。

图 1-3 新石器时代马家窑文化彩陶蛙纹壶
北京故宫博物院藏

第三节 新石器时代其他陶器

新石器时代的陶器除了红陶和彩陶,还有黑陶、灰陶、白陶、釉陶、印纹硬陶等。山东龙山文化黑陶与大汶口文化白陶创造了彩陶之后的又一个技术与工艺高峰。

一、黑陶

距今5000~4000年,我国进入了新石器时代晚期,此时的陶器制作技术进入了全新的阶段,烧陶工艺实现了从烧氧化焰到烧还原焰的转变,制作精良的黑陶开始出现,并成为划时代的标志。

黑陶由胶质黏土制成,采用还原焰烧制工艺,成器颜色乌黑,器体轻薄,色泽光润,多有穿绳或手持的器耳和盖钮,达到了史前人类手工制陶技术的顶峰。它是继彩陶之后的极具价值的发现,具有深厚的历史文化内涵,被誉为"土与火的艺术,力与美的结晶"。龙山文化遗址的发现,特别是精美黑陶的出土,打破了西方学者"中国文化西来说"的谬论,增强了中华民族的文化自信。

1928年4月,中国考古学家吴金鼎先生在山东省平陵城一带进行考古调查时发现了城子崖遗址,国立中央研究院历史语言研究所与山东省政府于1930—1931年对城子崖遗址进行了两次发掘。黑陶的发现轰动了整个世界。遗址中出土的陶器以磨光黑陶为主,器型丰富,既有鼎、鬲、甗、鬶、盘、豆、杯、盉、盆等多种日常生活器皿,也有一些生产工具和武器,如纺轮、矢镞。其装饰手法主要有划、压、印、镂空、附加堆纹、浮雕、雕塑造像等,还出现了不同装饰手法的结合使用。作为日用之器的黑陶品质精良,证明这一时期人们的物质生活条件有了很大改善,同时也表现了龙山文化先民

"尚黑"的习俗。

（一）蛋壳黑陶高柄杯

蛋壳黑陶高柄杯是泥质黑陶高柄杯，采用快轮拉胚成型，由盘口、杯身、高柄、底座四部分组成，器表乌黑光亮，口沿宽斜，杯身呈细管形，深腹，高柄，圈足底座。杯身外壁中部有六道凹弦纹。高柄中部突出部位中空，表面镂空，内部放置了一粒陶丸。杯子摇晃时，陶丸会碰撞中空内壁，发出清脆的响声。杯子平放时，陶丸落定，起到稳定重心的作用，可谓设计巧妙。龙山文化博物馆馆长田继宝认为，蛋壳黑陶高柄杯薄如蛋壳，体现了先民对鸟的图腾崇拜。杯柄部放陶丸是史前文化陶制龟壳内放置石子的传承（作法之器）。蛋壳黑陶高柄杯，高高的柄，上置酒杯，在重要的礼仪上体现了对祖先、上苍的敬重。从这方面讲，蛋壳黑陶高柄杯又是礼器。此杯杯壁厚度均匀，薄如蛋壳，最薄处仅 0.2~0.3 毫米，质地却极为细腻坚硬，被史学界称为"四千年前地球文明最精致之制作"。

（二）黑陶罐

黑陶罐为盛储器，由轮制法制作而成，器型规整，造型典雅，线条优美，打磨光滑，器壁薄而均匀，通体黝黑发亮，沉着典雅，显示出黑陶秀美韵致的独特风格，是龙山文化黑陶中的典型器物。新石器时代龙山文化黑陶双系罐见图1-4。

图1-4 新石器时代龙山文化黑陶双系罐
北京故宫博物院藏

二、白陶

大汶口文化陶器中最显著的成就是出现了用高岭土烧制的白陶，因泥胎中氧化铁含量低，所以烧成后胎呈白色。原料稀缺、颜色特殊、烧制温度高是白陶的三个特点。目前出土的白陶器物有白陶鼎、白陶盉、白陶豆、白陶鬶等，其中鸟形白陶鬶数量最多。鬶本是一种炊饮两用的陶制器皿，白陶鬶应是当时的盛酒器，由流、錾、三袋足组成，口径呈喇叭状，流口上翘，形如鸟喙，鬶腹扁圆饱满，下部三空心袋足外侈，整体造型似昂首的飞鸟。白陶鬶是大汶口文化的典型器物，代表大汶口文化晚期制陶技术的最高水平。这种典雅高贵、制作精良的仿生类酒器，应是当时在飨宴、祭祀中贵族使用的礼器，充分体现了古代先民制器尚象、器以藏礼的造物和物用思想。

烈焰英华中的泥水交融诞生了陶器，陶器继石器之后丰富了人们的生活物用，提升了人们日常生活的品质。新石器时代丰富多彩的陶器体现了远古人类的造型观念和造型能力从量的积累到质的飞跃的过程。因此，从这个意义上说，原始陶器是我国古代器物造型发展史上的一座丰碑。无论是其功能与造型的高度统一，还是其天真、稚拙、淳朴的艺术审美特征，都给现代设计带来很多灵感与设计反思，让人们在琳琅满目的消费世界中回归设计初心与物用本心——从人的需要出发，为了人、指向人。

第二章 青铜器

第一节 青铜器艺术源流

中国古代青铜器以其繁多的种类、独特的造型、精美的纹饰、丰富的铭文和专业的铸造技术，在世界艺术史上占有独特地位，并获得了其他文明古国无法比拟的成就。古代青铜制品一般用作生产工具、生活用品、装饰品，因中国独特的政治环境，人们还铸造了大量的青铜礼器、兵器、乐器等。在等级森严的封建社会，青铜器不仅广泛用于宗教祭祀，也在贵族阶级的宴乐、礼仪等场合广泛使用。青铜器就是当时礼制的物质表现，不同等级身份的贵族所使用的青铜器物，无论是在形制还是数量方面都有不同的要求，以至于当时有"青铜便是政治和权力"的认知。在这种情况下，对青铜器艺术的研究有助于了解当时的历史。

一、青铜器的发展

（一）青铜器发展概述

青铜器在世界各地均有发现，它是社会进步与文明的标志之一。中国的青铜艺术历史悠久，就制作工艺、规模、种类等而言位于世界前列。青铜是铜和锡或铅的合金，有的则是铜、锡、铅的三元合金，具有熔点低、硬度大、流动性好、不易出砂眼等特点。其实"青铜"是后人的叫法，汉代以前的文献多称青铜为"金"，称精纯而美好的青铜为"吉金"。《墨子·耕柱》在提到大禹铸九鼎时写道："昔者夏后开使蜚廉折金于山川，而陶铸之于昆吾。"这里所说的"折金"就是指开采铜矿取得铸鼎所需的原材料。古人之所以把精纯的青铜称为"吉金"，是因为用这些珍贵的材料铸造出来的器物会发出金色的光芒，看上去富贵吉祥。高纯度的青铜器在刚制作出来的时候接近于18K金的颜色，由于受潮或埋入土中很多年后被氧化，表面就会被绿色的锈迹所覆盖，呈现出如青苔一般的绿色，所以才有"青铜"的说法，器物好比被时间打上了烙印。因此，金色才是古代青铜器的原色。保存较好的青铜器今天仍然会呈现出金色。

青铜器在长期发展演变的过程中，形成了不同的时代风格与特征，传世和近几十年发现的大量器物表明，中国古代青铜器有着自身完整的发展演变体系。总体来说，青铜器的发展过程可以分为六个时期。第一个时期是原始社会后期至夏代的萌芽和发展期，第二个时期是商至西周的鼎盛期,第三个时期是春秋战国的繁荣期,第四个时期是秦汉的变革期,第五个时期是魏晋南北朝至隋唐的衰落期,第六个时期是宋元明清的仿古期。

(二)青铜器的发展历程

1. 夏代青铜器。

中国青铜器起源于黄河流域。1975年在甘肃永登连城蒋家坪马厂文化遗址和1977年在甘肃东乡林家马家窑文化遗址各出土的两把铜刀,两者都是锡青铜,制作年代为公元前3000年左右,在时间上与夏代接近。

夏朝是青铜器艺术的孕育初期。这个时期青铜器的种类较少,器型较小,大部分为实体工具、武器及装饰品,只有少量的几种爵、斝、铃等空体器,并且质地粗糙单薄,纹饰简单。陶器和玉器仍然作为礼器承担祭祀的功能。河南偃师二里头文化属于中国青铜时代早期文化,不仅有青铜工具、武器、装饰品,而且还有青铜乐器和容器,工具主要有锛、锥、刀、凿等,武器主要有镞、戚、戈等,容器主要有爵、斝、鼎等。二里头文化青铜器虽然比较简单,却在中国青铜冶铸史上起到了承上启下的重要作用,为商代灿烂辉煌的青铜文化奠定了基础。

2. 商周青铜器。

进入商周时期,青铜器迎来了发展的巅峰。商周时期是我国古代青铜器发展的高峰期。

(1)商代青铜器。在商朝,青铜艺术伴同礼乐文明发展到了高峰。商代青铜器可分为前期和后期两个发展阶段。1952年河南郑州二里冈发现的商代前期文化遗址称二里冈文化,为殷商前期文化的代表。这一时期青铜器的种类开始增多,形成初期的体系,主要有食器、酒器、水器、兵器与工具的分类。食器主要有鼎、鬲、甗。酒器主要有爵、斝、斝、尊、罍、盉、卣。水器主要有盘、盂。兵器与工具主要有戈、矛、戟、钺、镞、刀、锛、凿、斧、锯、鱼钩等。此外,从考古发现的一些完整墓葬出土的青铜器来看,当时已有青铜器的组合萌芽,并有一定的规律和模式。爵、斝组合是最常见的,这为后来的青铜礼乐器的发展奠定了一定的基础。此时的青铜器体积也有所增大,但纹饰简单质朴,多是单层,没有底纹,线条简单粗疏,圆转流散。其代表作是1974年郑州杜岭张寨出土的两件大方鼎,均为斗形、方腹、立槽耳、四柱足,腹表面左、右、下侧饰乳钉纹,腹部上端饰兽面纹,器型整体大而平稳。这一时期的青铜器多仿制陶器的造型,同时根据青铜的材料和色泽特点进行再创造。

商代后期青铜器以安阳殷墟出土的器物为代表。青铜器在种类方面有了极大的突破,形成了完善的青铜体系,主要分为四大类:礼器、乐器、兵器、工具及车马器。后母戊鼎(又名司母戊鼎,见图2-1)、四羊青铜方尊(图2-2)、龙虎纹青铜尊(图2-3)就是出自这个时期。商代后期青铜器不仅具有实用功能,更是优美的艺术品,无论在造型还是纹饰方面都更加精细。造型上有了仿生的铜器,如象尊、猪尊等,形象逼真。纹样上,不仅有主纹,还有衬托花纹,甚至有三层纹,在主纹上再添花纹。还有将平雕和浮雕相结合的技法产生。"青铜器铭文"的装饰在后期已十分常见,但较为简短。

器物组合的现象越发增多,除早期的爵、觚组合,又增加了斝。分铸法的广泛使用使得这个时期的青铜器具有凝结厚重的特点。

图2-1 后母戊鼎
中国国家博物馆藏

图2-2 四羊青铜方尊
中国国家博物馆藏

图2-3 龙虎纹青铜尊
中国国家博物馆藏

(2)西周青铜器。西周是我国奴隶制继续发展的时期,这时不但建立了比商朝更加完备的政治制度和森严的宗法制度,而且礼乐制度进一步完善,大量仪式用青铜器应运而生。西周前期青铜器仍沿袭商朝后期的制作风格,凝重典雅,但铭文加长,严谨工整,酒器在数量上稍减,食器增多,其代表作有利簋(又称为武王征商簋)、伯矩鬲等。到了西周后期,列鼎制度明确将青铜器列为社会等级秩序的标志,严苛的等级秩序也反映在青铜制作上。器物造型、纹饰日趋简略,像毛公鼎这样刻有长篇铭文的样式在西周后期趋于普遍。这一时期,青铜器铭文有达到百字以上的,何尊(铭文 122 字)、毛公鼎(铭文近 500 字)是长篇铭文的典型代表。铭文书体沿袭商朝后期样式,内容有祭祀、赏赐、策命、征伐等,多为纪事,文字增多,青铜器外表多为素面或仅有几道弦纹,具有神秘感的饕餮纹逐渐从主要纹饰中淡出,开始出现在器足上端。

3. 春秋青铜器。

这一时期是奴隶制向封建制过渡的时期。春秋时期,王室衰微,礼崩乐坏,诸侯争霸。此时,青铜器已由礼器逐渐转变为日用生活器皿。青铜器种类大体继承了西周后期的种类,但食器中的盨基本绝迹了,增加了敦、铺。水器有盆、匜、鉴。乐器有钲、錞于、句鑃。杂器有带钩等。兵器中盛行戈、矛、戟、剑。但附件镈、镦、钺已很少见到。青铜器在造型上摆脱了西周的端庄风格,由简朴厚重转向优美实用,形成了多元的地方特色。动物造型也逐渐由纹饰中的阴线和阳线的表现方式变成更加写实的浮雕、圆雕和透雕。代表器物有王子午鼎(图 2-4)、莲鹤方壶(图 2-5)等。花纹装饰也由西周后期的简朴奔放转换为细密严谨。由于拍印法的出现,大多数器物花纹都是以网状的细密宽幅图案装饰。青铜铭文的字体越发丰富,有瘦体、肥体等。从总体上看,春秋时期的青铜器在造型、纹饰、铭文上较西周晚期更具地域特色和时代气息。

图 2-4　王子午鼎
中国国家博物馆藏

图 2-5　莲鹤方壶
北京故宫博物院藏

4. 战国青铜器。

战国时期是青铜器发展最恣意活跃的自由时期,青铜器在造型、工艺、纹饰等方面更加丰富。由于战争频繁,青铜武器种类更加齐全。青铜器在向日用生活器皿发展的过程中,主题纹饰更加多样化,出现了以人物为主题的纹饰,宴饮、竞射、攻杀等现实生活场景也出现在器表,具有浓郁的现实生活气息。代表性器物有现藏于北京故宫博物院的宴乐渔猎攻战纹图壶和现藏于四川博物院的战国水陆攻战纹铜壶(图 2-6)。

·中国传统器物·

图 2-6　战国水陆攻战纹铜壶
四川博物院藏

春秋战国时期，为满足社会生产、生活和战争的需要，青铜铸造业在先前的基础上不断创新。此时的铸造工艺除了有陶范法，还有失蜡法和模印法，这是青铜铸造业的一个重大变革。这一时期的青铜镶嵌工艺也相当发达，镶嵌的材料主要有绿松石、各类宝石、红铜、金银等。

这一时期，钟鼎之器所占数量较大，钟必成编、鼎必成列。例如河南信阳长台关楚墓出土的编钟为十三件一套，四川涪陵出土的错金编钟为十四件一套，这种现象反映了当时贵族飨宴的豪华与奢侈。常见的青铜器除鼎外，还有甗、敦、壶、尊、盘等多种器型。在青铜器组合中更多地出现了小件的附件，如匕、勺等。灯、炉等器物的铜饰也有所发展。总之，春秋战国时期的青铜铸造以轻便实用和精细华美见长。

5. 秦汉及之后的青铜器。

秦汉时期，铁器大量被使用，随着造物材料的增多，青铜器物日益实用化和生活化，变得轻便精巧。魏晋南北朝至隋统一前，战争不断，这一时期传世或出土的青铜制品，从器物种类到风格，主要沿袭两汉以来的传统，但整体来看，较汉代粗糙，器型和纹饰在很大程度上体现了多民族文化交融的特点。隋唐时期，瓷器制造业较为兴盛，因此从考古发掘或传世品中发现，这一时期的青铜制品除铜镜外，其他类型均不多。从五代至清代，除了货币、铜镜及宗教造像，青铜铸造逐渐式微。北宋以后，不断有商周青铜器出土，金石收藏十分兴盛，青铜器的价值随之攀升。一些不法分子大量盗掘古墓，无良古董商人大肆仿造，故自宋以来，前代传世的青铜器物中掺杂了不少赝品，这些仿制品与伪造品为古代青铜器物鉴定制造了人为障碍。

总之，青铜器伴随中国数千年的文明而历经沧桑，是我国历史发展进程中的实物见证和重要载体，是中国传统文化和传统艺术的杰出代表。

二、青铜器的种类

青铜器的制作与使用受到封建统治者的重视。《周礼·考工记》中所指的"六齐"就是根据青铜器的使用功能所列的六种铜锡比例的合金配方。先秦统治者将青铜艺术与礼仪制度结合在一起，根据用途制作出种类丰富的青铜器，并对使用数量、制作工艺有着极为严苛的规定。

商周青铜器形式多样、种类繁多、器型复杂，包括礼器、兵器、乐器以及农器与工具等，使用范围涉及社会生活的各个方面。由于青铜器种类众多，故只简要介绍常见青铜器物种类与器型。

（一）礼器

商周时期的青铜器生产部门由王室和诸侯掌握，当时设有工官专门掌管青铜器的生产。在青铜器的生产中，大量铸造青铜礼器是这一时期的特点。

礼器的制作与当时实行的礼制有关。礼是协调统治阶级内部关系的准则，它通过许多具体的礼仪和典章制度来体现，礼器的使用就属于这个范畴。

商周两代的统治者都笃信天命，他们把祭祀神鬼和祖先作为头等大事。他们希望通过祭祀来表达自己的虔诚，并寻求天神和祖先对他们及其后人的庇护，以便能世世代代地享受已经获得的特权。祭祀时，要举行各种仪式，这时就要使用青铜铸造的各种礼器。

统治者制定礼制，并借助青铜礼器以确定和维护统治阶级内部的秩序。一般来说，当时各级贵族使用的礼器必须与他们的身份、地位相当，绝不能僭越，否则就是非礼。统治者对使用青铜礼器的数量、规格有严格的规定。于是，礼便成为衡量使用者的等级和地位的标志。所以，我们所说的"藏礼于器"，是有特定内涵的。

目前见到的商周礼器有鼎、簋、鬲、甗、觚、爵、角、斗、尊、觯、壶、卣、觥、彝、罍、缶、盉、篮、镐、盂、豆、盘、匜等。它们可归类为食器、酒器、水器等不同用途的器类。

1. 食器：包括炊煮器、盛食器和取食器，又可以细分为鼎、簋、豆、鬲、敦、甗、匕等。

（1）鼎：古代炊器，用于烹煮或盛放鱼与肉类，大多数是圆形、三足、两耳，也有四足的方鼎，圆形、方形的扁足鼎，分裆鼎等。鼎的多少反映了地位的高低，鼎的轻重标志着权力的大小。"鼎"字被赋予"显赫""尊贵""盛大"等引申意义。西周晚期颂鼎见图2-7。

· 中国传统器物 ·

图 2-7　西周晚期颂鼎
上海博物馆藏

（2）簋：相当于今天盛饭的大碗，用于盛放黍、稷、稻、粱，多数为圆腹、侈口、圈足，有无耳、两耳、三耳，甚至四耳的。鼎和簋通常配合使用，其数量的多少反映了身份的高低。天子用九鼎八簋，诸侯用七鼎六簋，大夫用五鼎四簋，元士用三鼎二簋。九鼎八簋成为中央政权的象征。西周中期舟簋见图2-8。

图 2-8　西周中期舟簋
台北故宫博物院藏

（3）豆：一种盛食物的器皿。《说文解字》："豆：古食肉器也。"豆出现于新石器时代晚期，盛行于商周时期，起初是木豆、竹豆、瓦豆，后期发展为青铜制品。豆是古代贵族或君王在举行祭祀、宴飨、征伐及丧葬等礼仪活动中使用的器物，专门盛放腌菜、肉酱等调味品。豆的基本形制是上有盘，下有长握，有圈足，形似高脚杯，多有盖。西周弦纹青铜豆见图2-9。

图 2-9 西周弦纹青铜豆
晋国博物馆藏

（4）鬲：古代煮饭用的炊器。《尔雅·释器》谓鼎"款足者，谓之鬲"，《汉书·郊祀志》谓鼎"空足曰鬲"。可见鬲的形状是似鼎而空足，足空则煮水易热。鬲一般为侈口（口沿外倾）。早在新石器时代就有陶制的鬲，最初形式的青铜鬲就是仿照陶鬲制成的。还有一种方形的鬲，鬲体分上下两部分，下部有门可以开合，方便放入木炭。商兽面纹铜鬲见图 2-10。

图 2-10 商兽面纹铜鬲
安徽博物院藏

（5）敦：盛黍、稷、稻、粱之用，基本特征为圆腹，二环耳，三短足，有盖。有的敦为"上下圆相连"形，盖与器相同，可以一分为二共同使用，提高使用价值。有的无耳，下部为三条细足，较为罕见。战国晚期镶嵌几何纹敦见图 2-11。

·中国传统器物·

图 2—11 战国晚期镶嵌几何纹敦
上海博物馆藏

（6）甗：为烹饪用的厨具，用于蒸煮食物。形制有圆有方，分为上下两部分，有合体的也有分体的。上部分用以盛放食物，称为甑，甑底有穿孔的箅，以利于蒸汽通过；下部分是鬲，用以煮水，高足间可烧火加热。商代甗多为圆形，直耳，侈口，束腰，袋状腹，腹下设锥足或柱形足，器体厚重。西周早期母癸甗见图2—12。

图 2—12 西周早期母癸甗
上海博物馆藏

（7）匕：古代挹取食物的匙子。《仪礼·少牢馈食礼》注："匕所以匕黍稷者也。"《仪礼·士昏礼》注："匕所以别出牲体也。"可知匕是挹取黍稷及牲肉所用。匕体一般为椭圆形，后有柄，方便抓握挹取。西周青铜匕见图2—13。

18

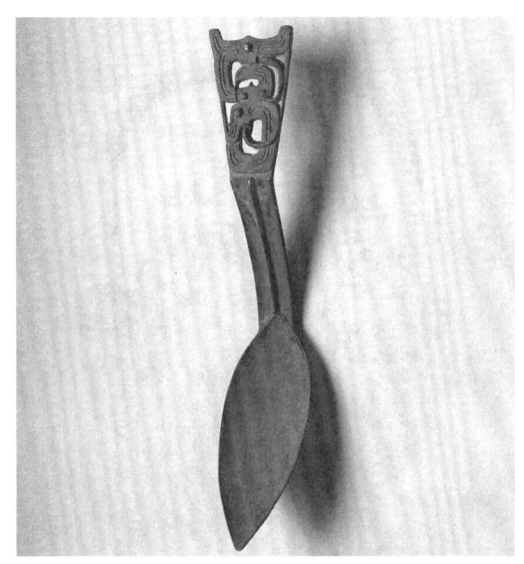

图 2-13　西周青铜匕
美国大都会博物馆藏

2. 酒器：种类尤其丰富，主要分为盛酒器、饮酒器、斟酒器、温酒器、冰酒器、调酒器等。

（1）尊：盛酒器的一种，原先是礼器的共名，到了宋朝才称为尊。最常见的形制为圆形、侈口、圈足，也有侈口方形的尊。一些鸟兽特殊形制的尊也被发现，有鸟尊、象尊，统称为鸟兽尊，均为盛酒器。三羊尊见图 2-14。

图 2-14　三羊尊
北京故宫博物院藏

（2）卣：形制似壶，但有提梁，俗称提梁卣。腹部形状较多样，有圆形、椭圆形、方形，也有的做成圆筒、鸱鸮、猛虎食人形状等。西周青铜提梁卣见图 2-15。

· 中国传统器物 ·

图 2-15　西周青铜提梁卣
美国弗利尔美术馆藏

（3）盉：盛酒器，是古人调和酒、水的器具。形状较多，一般为深腹、圆口、有盖，前有流，后有把手，有三足或四足。也有流在顶上的异形盉以及圆腹有螭梁的盉。商亚鸟宁盉见图 2-16。

图 2-16　商亚鸟宁盉
北京故宫博物院藏

（4）方彝：盛酒器，特征是高方身，带盖，盖似屋顶形。腹有直有曲，有的腹旁会有两耳。商青铜方彝见图 2-17。

图 2-17 商青铜方彝
美国弗利尔美术馆藏

(5) 罍：《说文解字》释文"罍，酒尊也"。知其为盛酒之用。罍形制有方圆两种。方罍：宽肩，肩上有两耳，有盖；圆罍：腹大，圈足，两耳。其共同点为一般在一侧的下部有一个穿系用的鼻。西周青铜罍见图 2-18。

图 2-18 西周青铜罍
美国弗利尔美术馆藏

(6) 壶：古人盛酒之器，形制多样，有圆形、方形、扁形、瓠形和圆形带流等多种形状。西周晚期曾伯陭壶见图 2-19。

图 2—19　西周晚期曾伯陭壶
台北故宫博物院藏

（7）爵：有共名，有专名。饮酒器的总称为爵是共名，专名则是单独作为一种温酒器或饮酒器的名称。总体分三部分，形制有圆有方，中部为盛酒的腹部，腹部底有平也有凸，并伴有銎，上部为饮酒处，前侧有流，中间为杯，后侧有尾，以保持全器的平衡。此外器口上有二柱、一柱或无柱。下部有三个高尖足，用以支撑整体。

（8）角：形制似爵，但没有柱，口缘两端都是爵尾形状。商带盖青铜角见图 2—20。

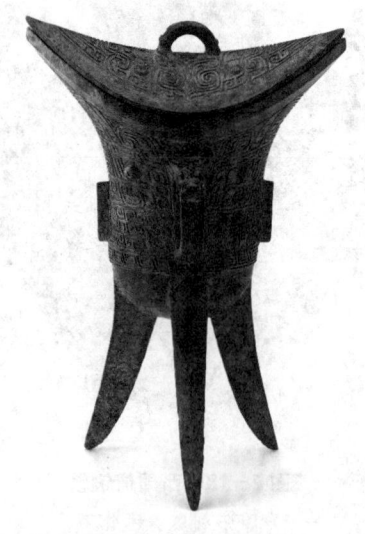

图 2—20　商带盖青铜角
美国弗利尔美术馆藏

(9) 觚：形似喇叭，大口，细腰，高圈足，长身上常有凸起的棱作装饰，常与爵一起出土。商后期黄觚见图2-21。

图2-21　商后期黄觚
上海博物馆藏

(10) 觯：《说文解字》载"觯，乡饮酒角也"。觯形似小瓶，侈口，圈足。腹部圆形或方柱形而四角为圆，也有似觚的长身形。商安阳晚期青铜觯见图2-22。

图2-22　商安阳晚期青铜觯
美国大都会艺术博物馆藏

(11) 兕觥：腹部为椭圆形或方形，圈足或四足，有流，有把手，有盖，盖做成有角的兽头形或长鼻上卷的象头形。商晚期青铜宁矢觥见图2-23。

图2-23　商晚期青铜宁矢觥
西泠拍卖

(12) 斝：形似爵，但比爵大。不同点是无流无尾，仅在口缘上有两柱、有鋬、三足。腹的形状有圆形而平底的，或方形而四角圆的。商兽面纹铜斝见图2-24。

图2-24　商兽面纹铜斝
安徽博物院藏

(13) 斗：挹酒之器，前有斗首中空取物，后有柄以便挹取。商牛首柄青铜斗见图 2-25。

图 2-25 商牛首柄青铜斗
美国弗利尔美术馆藏

(14) 勺：形制与斗相近，但体积较小，斗首较大且深，勺首小且浅。此外，斗柄在斗首腰际或下腹生出，而勺柄与勺首直接在口沿处相连。商后期乳丁纹勺见图2-26。

图 2-26 商后期乳丁纹勺
台北故宫博物院藏

之所以会有不同的酒器，是因为古代礼仪之中酒具的讲究大。在宴会上最尊贵者的饮酒器是爵，盛酒一合（约180克）；次等用觯，盛酒两合；三等用觚，盛酒三合；四等用角，盛酒四合；五等用杯，盛酒五合。也就是说，地位越尊贵，酒具的容量就越小。盛酒器也有区别，尊是给地位最尊贵者使用，其次是觥和卣，再次是壶，就算是数百人的宴会,繁多的酒具也会将每个人的身份等级丝毫不差地表现出来。

3. 水器:大致可分为承水器、注水器、盛水器和挹水器四种,又可以细分成盘、匜、鉴、盉、盆、皿和罐等。

(1)盘:用于盛水和承接水。形状多为圆形,浅腹,无耳或二耳,圈足或三足,有盘口,还有流。也有长方形、宽唇、无耳、圈底的盘。春秋"虢宫父"铜盘见图2-27。

图 2-27 春秋"虢宫父"铜盘

深圳博物馆藏

(2)匜:常与盘相随,匜放于盘内,匜洩水、盘接之。形似酒器中的兕觥,但无盖。前有注水的流,后有鋬,有四足、三足或无足。春秋早期齐侯匜见图2-28。

图 2-28 春秋早期齐侯匜

上海博物馆藏

(3)鉴:《说文解字》曰"鉴,大盆也"。鉴用于盛水,大鉴可沐浴。鉴的形体很大,像盆,大口,深腹,有二耳或四耳。也有形制较特殊的方形鉴。春秋后期蟠虺纹鉴见图2-29。

图 2-29 春秋后期蟠虺纹鉴

北京故宫博物院藏

（二）兵器

在商周时代，青铜被大量用来铸造兵器，因当时战争环境影响，兵器需求量极大，种类很多，主要用于实战，还有一些铜镶玉的兵器是用于仪式的礼器。兵器又可以细分为戈、矛、剑、镞、刀等。

1. 戈：兵器的一种，古称勾兵，是用以钩杀的兵器。横刃，装有长柄。战国巴蜀文字虎纹铜戈见图 2-30。

图 2-30 战国巴蜀文字虎纹铜戈

重庆中国三峡博物馆藏

2. 矛：用于冲刺的兵器。矛体分锋刃和骹两部分，锋分前锋和两翼，骹即矛的銎。矛基本上可分为大身、两刃宽和细长身、两刃狭两种形式。战国人面云雷纹铜矛见图 2-31。

·中国传统器物·

图2-31　战国人面云雷纹铜矛
重庆中国三峡博物馆藏

3. 剑：分剑身和剑把（茎）两部分。剑身前有锋，中有凸起的脊，脊两旁坡下为"从"，从两面杀为"刃"，合脊与两从为"腊"。剑把有圆形和扁形两种。在剑把和剑身间有三角形隔物称"格"，又称"卫"，"格常"为玉制。把后面有首，"把"与"格"间常有"箍"。使用剑时以绳缠茎。战国兽面纹柳叶形巴蜀铜剑见图2-32。

图2-32　战国兽面纹柳叶形巴蜀铜剑
重庆中国三峡博物馆藏

4. 镞：用弓弦弹发的远射兵器。主要特征是中有脊，分镞身为左右两叶，叶外缘作刃状，两刃向前聚成镞的前锋，两刃向后形成倒刺形的后锋。在镞头的后面有镞铤，又称镞茎，有的铤相当长。镞有双翼、三棱、平头、圆锥等多种类型。

5. 刀：可作为兵器或行具，也作为工具刀。形状多样，有直背、凸刃、锋向后勾的大刀，也有柄作环状或兽头状的工具刀等。西周早中期侯戟见图2-33。商青铜刀见

图 2-34。

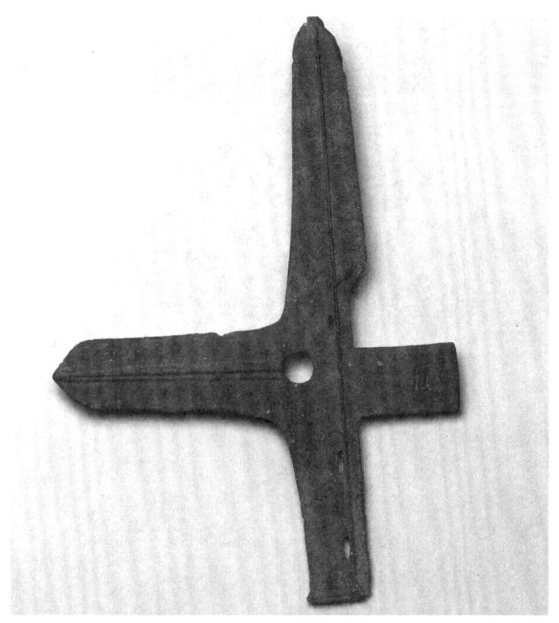

图 2-33 西周早中期侯戟

台北故宫博物院藏

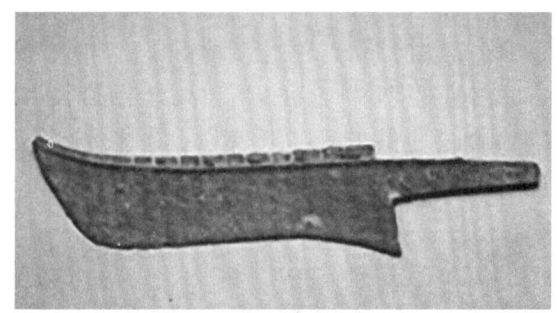

图 2-34 商青铜刀

美国弗利尔美术馆藏

(三) 乐器

商周时期的乐器也反映了贵族的等级制度,所谓"礼非乐不履",是说没有乐来配合,礼将难以体现。这么做是为了使礼带有优雅的格调。乐器一般在祭祀、宴会、举行典礼时使用或在军队中使用,又可以细分为铙、钟、钲、铃、鼓等。

1. 铙:《周礼·鼓人》注"铙如铃,无舌,有柄,执而鸣之,以止击鼓"。铙形似铃而较大,身体短宽,有中空的短柄可安木把。使用时执把,铙口朝上,用槌敲击。一般三个、五个一组。西周青铜铙见图 2-35。

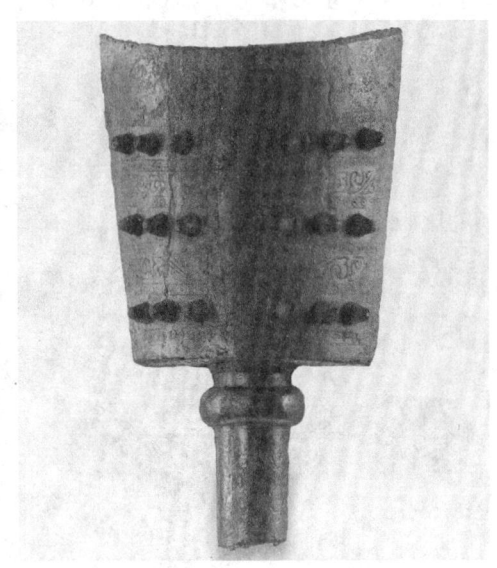

图 2—35　西周青铜铙

美国弗利尔美术馆藏

2. 钟：祭祀、宴会或举行典礼时用的乐器。钟的形制因钟顶上的钟柄不同，大致分为甬钟、钮钟和镈钟三类。甬钟钟顶有筒形的钟柄。钮钟钟顶的甬为半圆形的钮。镈钟是钟顶作扁环钮或伏兽型钮的平口钟。钮钟与镈钟是直接悬挂在钟架上的，甬钟则侧旋于钟架之上。青铜乐钟在商周时期的贵族生活中占有相当重要的位置。无论是妇好墓还是曾侯乙墓中，都有成编的青铜乐钟，可以看出死者生前对乐钟是很重视的。特别是曾侯乙墓出土的 65 件铜钟的总重量在 2500 千克以上，这是迄今发现的世界上最庞大、最雄伟的青铜乐器。西周晚期芮公钟见图 2—36。

图 2—36　西周晚期芮公钟

台北故宫博物院藏

3. 钲：古代行军所用之器，形似钟而狭长，有长柄，使用时口朝上。因出土的器物只有口朝上才可顺读其铭文，固得知。青铜兽面纹钲见图2-37。

图2-37 青铜兽面纹钲

西泠拍卖

4. 铃：《广韵》中提及"铃，似钟而小"，多为平口或凹口，上有弓形钮，常挂在旗上、车上或犬马身上。西周早期成周铃见图2-38。

图2-38 西周早期成周铃

北京故宫博物院藏

（四）农器与工具

农具包括挖土用具、耕耘用具以及收割谷物的用具，具体为犁铧、铲、镢、锄、镰、锛。工具包括斧、凿、刻镂刀、削、锯、锉、锥、钻、钓钩。这些小工具为人们当时的生产生活带来了很大的便利。西周青铜锛见图2-39。战国铭文青铜斧见图2-40。商晚期青铜犁铧见图2-41。青铜凿见图2-42。

图2-39　西周青铜锛
大英博物馆藏

图2-40　战国铭文青铜斧
鄂尔多斯博物馆藏

图2-41　商晚期青铜犁铧
济南市博物馆藏

图2-42　青铜凿
鄂尔多斯博物馆藏

三、青铜器的造型

青铜器装饰艺术是夏商周时期艺术的重要组成部分，是当时的社会生活、思想观念、审美特征的重要载体。从艺术的角度来看，不同时期的青铜器给人以不同的审美感受。夏代的青铜器，带有原始器物的质朴；商周时期，青铜器因为被神化而具有沉重又神秘、狰狞又天真的特征；春秋时期，青铜器多元化发展，强调以感官需求为目的的审美要求；战国时期，青铜器百花齐放，向生活化发展，尺度宜人、精美灵巧，实用性和艺术性达到了高度的统一。

中国青铜艺术的魅力在于其玲珑多变的造型、细腻秀丽的纹饰和具有重要历史价值的铭文。对青铜器造型与纹饰的分析，可以帮助我们感受青铜艺术之美。

青铜器的造型繁杂多样，不同用途的器皿形态各异，相同用途的器皿造型也是不尽相同。通过对青铜器形态的分析，我们可以将青铜器的造型大致分为仿生形态、几何形态、异类综合形态三大类。

（一）仿生形态

青铜器的仿生形态可以分为动物仿生形态和人物仿生形态两类。动物仿生形态以动物（如牛、马、猪、犀、虎、象、鱼、鹿、鹤）的外形作为蓝本进行塑造，除了器物的整体造型呈现动物形态，装饰部件也多为仿生形象。例如1955年出土于辽宁省凌源市的鸭尊，是西周时期的盛酒器，现藏于中国国家博物馆。其造型非常接近鸭子，尊口开于鸭背，有圆滑的长喙，卷形翅膀，鸭身刻有菱形和条形的线条，装饰成羽毛。出于结构稳定的需要，其两足置于前部，与头平行，尾部另加圆柱作为支撑点。

（二）几何形态

几何形态是青铜器最基本的形态，其中方形和圆形十分常见。中国古代对方和圆有着两种对立的解说。古人认为天圆则产生运动变化，地方则收敛静止。道家的阴阳之说，运用在几何分析中可以被映射为方形和圆形。青铜容器以几何形态进行分类，可以分为方形、圆形、筒形。方形以方鼎为代表，圆形以圆鼎、敦、豆、鬲等为代表，筒形以壶、觚、尊、彝等为代表。

以鼎的造型结构为例，鼎由耳、腹、足三部分构成。鼎耳前期为立耳，后面为了加上鼎盖，立耳逐渐改为外耳。腹部的几何形态可以分为圆形、方形。圆形的有球形、椭圆形、圆柱形。足部主要为圆台型、菱形或者矩形。商代至西周早期以四足方鼎为主，因为商人崇尚中心对称美，认为三足的圆鼎不能保持组合形式的偶数排列和对称规律。西周后期，周人以奇数为阳，以偶数为阴，三足的圆鼎便成为祭祀的首选。

例如，1958—1959年出土于湖南宁乡县黄材镇炭河里乡的人面纹方鼎（图2-43），为商代晚期的青铜器，现藏于湖南省博物馆。其颜色碧绿，器身略呈矩形，口部略大于底部，两耳直立，四柱状足，足上部有兽面纹。该鼎最让人惊奇的地方是在器物的四周各装饰了一个又大又醒目的半浮雕人面，人面周围有云雷纹，人面的额部两侧有角，下巴两侧有爪。鼎腹内壁铸铭文"大禾"，因此也被称为大禾方鼎。商周青铜器以兽面纹为主，人面纹稀有珍贵。

· 中国传统器物 ·

图 2—43　人面纹方鼎

湖南省博物馆藏

（三）异类综合形态

异类综合形态是结合两种或者两种以上形态的一种新的形态概念。青铜器主体部分是几何形态，动物形态在一些次要的部件或者附属的部件上，如盖、提梁、足、耳等。

例如出土于河南安阳市殷墟的人面龙身青铜盉（图 2—44），现藏于美国弗利尔美术馆。人面盉由盖、腹部、底盘三部分组成。器盖呈双耳带有涡纹和鱼纹的人面娃娃头像状，有龙角，仰天朝上，额头部分有三条刻线，现在俗称"抬头纹"，两耳为空心的半圆，眉毛用细密的线规则排列，双眼圆而鼓出，中间挖空，刻画出眼部的瞳孔，鼻子硕大，嘴唇厚且凸出。人面盖和盉身相接，如同一个仰卧的人头，形态奇异。盉身呈上小下大的圆弧形，刻有商代常用的龙纹，底部刻有雷纹。这件形状独特、设计巧妙、装饰风格怪异的人面龙身青铜盉，实属罕有之物。

图 2—44　商人面龙身青铜盉

美国弗利尔美术馆藏

四、青铜器的纹饰

除了玲珑多变的造型，细腻秀丽的纹饰也是青铜艺术的重要组成部分，是时代审美意识符号化的表现。青铜纹饰承载着古人的工艺智慧、审美观念，关联政治属性。青铜纹饰不仅可以作为象征符号，也是等级制度的体现，不同用途的器物装饰不同的纹样，君王与诸侯所拥有的器物纹饰也各不相同。每个时代的纹饰随着朝代的更替和思潮的变化而不断演变，使得青铜器物纹饰绚丽多彩，成为艺术史上的璀璨明珠。

殷商时期的青铜器纹饰主要有兽面纹、鸟纹、弦纹、乳丁纹、连珠纹。西周前期的纹饰主要有兽面纹、夔龙纹、鸟纹、蝉纹，后期的纹饰有窃曲纹、波纹、重环纹、垂鳞纹。春秋时期的纹饰流行由龙纹变形而成的蟠螭纹。战国时期的纹饰主要有蟠螭纹、卷云纹等。大体来看，青铜器的纹饰可分为动物纹、几何纹、铭文与生活纹三大类。

（一）动物纹

动物纹可分为幻想动物纹和写意动物纹。幻想动物纹主要有饕餮纹、夔龙纹、龙纹、凤鸟纹、蟠螭纹、蟠虺纹等。

1. 幻想动物纹：商代和西周前期的重要代表。例如饕餮，《山海经》介绍其特点：其状如羊身人面，其目在腋下，虎齿人爪，其音如婴儿。青铜器上的饕餮纹的主要特征是主体部分为正面兽头形象，两眼圆而突出。

（1）饕餮纹（图2-45）：又称兽面纹，常出现在器物的腹上，作为器物的主体花纹，衰落后，常饰在器物的足或耳上。形象特征为重点雕饰动物的颜面，圆眼突出，常以浮雕凸出形式来体现动物的鼻、卷曲的眉和耳。

图2-45　饕餮纹（代玲绘）

对于究竟什么是饕餮纹，学者有诸多争议。以李泽厚、冯其庸为代表的学者认为它是某单一的有生命力的动物形象，如牛头纹、虎头纹、羊首、鹿首等。徐昌义等学者认为它是多种动物的组合，如鱼、鸟、兽等各种有生命力的动物，分别提取它们具有特性的部分组合在一起，刻画出一个十分神秘的类鬼神形象。还有学者认为它具有独特的象征性。有人认为饕餮是由一个羊头的形象、两个鸡纹相互对称组成，鸡羊的谐音会使人联想到"吉祥"；有人认为这一纹饰可帮助巫觋通天，即通天地（亦即通生死）；有人认为它可以"辟邪驱鬼"；有人认为其作用是"戒之在贪"；有人认为它象征着威武凶猛、胆量勇敢、公正气盛；还有人认为其作用是"祭神"等。

饕餮纹还有各种分类方法，如人面类和动物类饕餮纹，以及牛角类、羊角类、豕耳类、变异类等。

（2）夔龙纹（图2—46）：由龙纹演变而来，有巨口，卷尾向上，形状似蛇，曲状，有耳无足，盛行于商代和西周前期。多装饰在器物的颈部，连续几个夔龙纹缠绕一周，或在器物下腹部两两相对等。

（3）凤鸟纹（图2—46）：《诗经·商颂·玄鸟》："天命玄鸟，降而生商。"因为当时人们认为玄鸟是祖先，因此鸟纹在商代和西周前期的青铜器中盛行，在民族装饰纹样中有着相当重要的地位。一般凤鸟纹可分为三类：小鸟纹、长尾凤鸟纹和长尾高冠大鸟纹。它常常组成花纹带，装饰于器物的颈、下腹和圈足等部位，与兽面纹一起出现于器物表面。也有一些作为立体装饰，置于器物的盖、器身、器耳等部位。凤鸟纹多做成高冠、尖喙、双目圆睁、两翼丰满、尾高翘或平展、双爪刚劲有力的形象。

图2—46 夔龙纹（上）、凤鸟纹（下）

2. 写意动物纹（图2—47）：主要有鸱鸮纹、象纹、虎纹、牛纹、羊纹、龟纹、鱼纹、蛙纹、蝉纹等。其又可以分为兽类题材、飞禽类题材、水生动物类题材、昆虫类题材等。

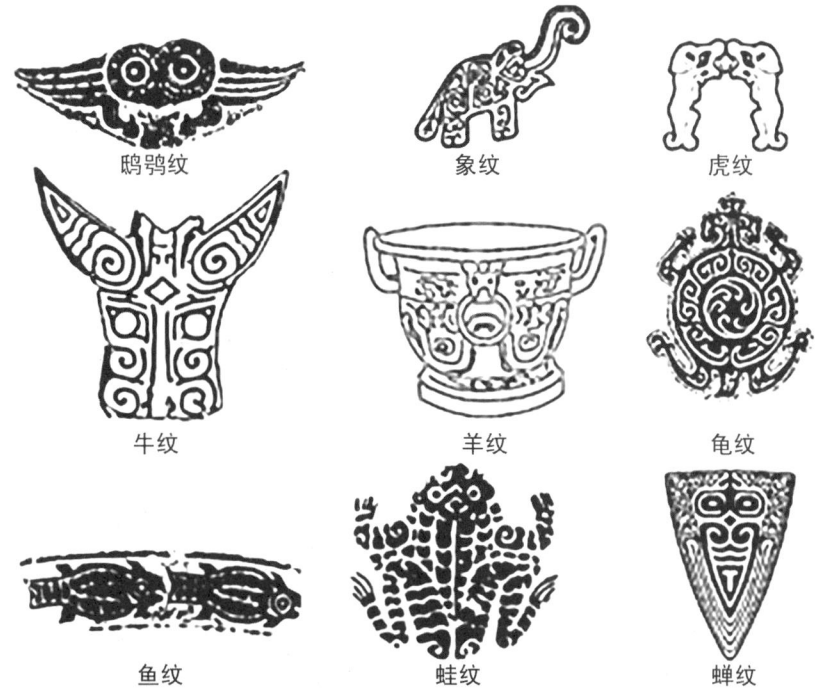

图 2-47 写意动物纹（代玲绘）

（1）鸱鸮纹：鸱鸮俗称猫头鹰，面部呈扁圆形，中间凹陷下去，形状像心形，两角倒八字向上扬起，中间填充涡纹，羽翼张开，填充云雷纹，双目呈圆形。

（2）象纹：主要流行于商代后期至西周中后期，纹样采用象的侧面，突出长鼻和象身，象鼻卷过头部。

（3）虎纹：主要以侧面刻画为主，虎头朝地，虎嘴张开，露出利牙，四肢粗壮卷曲，尾短上卷，身上布有涡纹。

（4）牛纹：商周时期牛纹主要有三种形式，一是线刻的牛纹，二是浮雕的牛形装饰，三是圆雕的牛形器。

（5）羊纹：羊是商周时期重要的祭祀牲畜，羊与祥通用，是祥瑞的意思。

（6）龟纹：龟是古代的神灵之物，青铜器上的龟纹不多，一般装饰在水器上，形态像龟或者鳖，也有的与蛇共存，在商代早期和殷商时期都可见到。古时认为龟知吉凶，所以用龟甲占卜。

（7）鱼纹：主要流行于商代，常见于青铜礼器，特别是水盘之中，多为具象纹样，呈侧面游动状，常以连续纹样的形式构图。

（8）蛙纹：古代有蛙神崇拜之说，源于人类的祈福。1975年于陕西城固县五郎庙出土的蛙纹钺，钺身镂空，装饰有蛙形，双目呈圆形，背上装饰有涡纹，整体呈爬形状。

（9）蝉纹：蝉纹丰富多变，常见的有两足蝉纹、四足蝉纹、无足蝉纹和变形蝉纹等。根据蝉的生活规律，很多学者认为它具有复活、生死轮回的含义。

(二) 几何纹

西周后期,几何纹(图2-48)居多,大多作为底纹和陪衬的纹饰。西周后期至春秋战国时期主要有云雷纹、窃曲纹、重环纹、垂鳞纹、波带纹。战国时期,以涡纹、瓦纹为主。

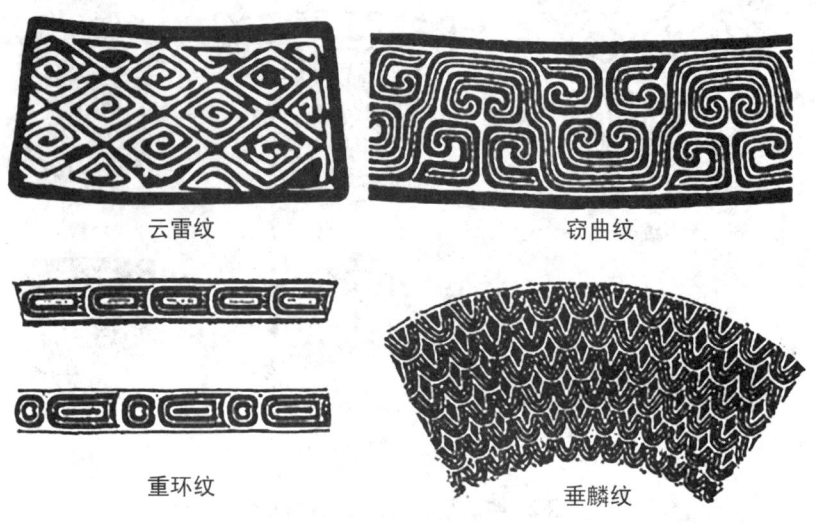

图2-48 几何纹(代玲绘)

1. 云雷纹:青铜器中最常见的几何纹,基本特征是以连续的"回"字形线条构成。有的是圆形的连续构图,像篆文的"云"字,有的是方形的连续构图,像篆文的"雷"字,因此而得名。云雷纹是一种具有装饰性并且适应性极强的纹样,既可以独立地组成大面积的装饰面或装饰带,也可以配合主体花纹作为辅助纹样。

2. 窃曲纹:由鸟纹和龙纹演化而来,符合"上下皆曲"的特点,由两端回勾的"S"形线条构成长块状图案。窃曲纹和云雷纹很相似,都呈方形回旋线条,一般中间填充目纹。

3. 重环纹:又称方形纹。重环纹是由多个扁平的椭圆形的环组成的纹带,环有一重、两重、三重,环的一侧形成两个直角或者锐角。

4. 垂鳞纹:垂鳞纹与重环纹类似,呈环带状,像鱼身上的鳞片首尾相连,横向排列,大多在壶盖和底部用作边缘的装饰。

5. 波带纹:又称"山纹",形状如起伏的波浪,波峰间填满了内空外实的圆圈,与之相似的纹样叫环带纹,形状像一条波浪般起伏的宽带,波峰之间还有其他纹饰。

(三) 铭文与生活纹

1. 铭文:又称金文、钟鼎文,是指铸刻在青铜器上的文字,与甲骨文一样是中国的一种古老文字。它不仅是判断青铜器年代的重要标准之一,更是判断器物形制及纹饰的标准。青铜器铭文在商周时期已经是一种很成熟的书法艺术,历代研究书法的人们都很重视。青铜器的铭文因为具有极高的史学价值,所以十分珍贵。带有铭文的青铜器的价值也高于没有铭文的素面青铜器。

例如西周时期著名的墙盘（图2-49），敞口、浅腹，圈足底部铸有284字铭文，腹和圈足分别装饰凤鸟纹和兽体卷曲纹，雷纹填地，圈足有折边。腹部的凤鸟有长而华丽的鸟冠，鸟尾蜿蜒的长度是鸟身体的二至三倍，延长部分与鸟体分离。凤鸟纹在当时象征着吉祥，盘上的铭文记录了西周时期文、武、成、康、昭、穆、恭七王的政治功绩。

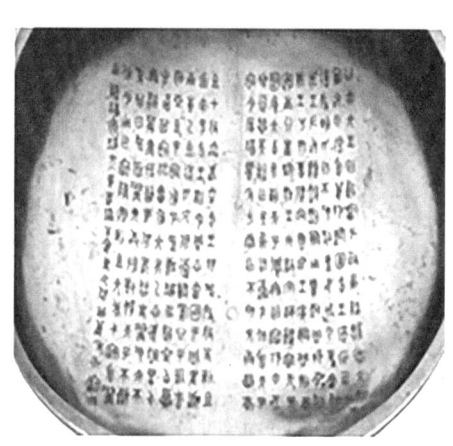

图 2-49　墙盘
宝鸡周原博物院藏

2. 生活纹：春秋战国时期，以人为主题的社会生活类纹样成为青铜纹饰的重要内容，主要有采桑画像纹、攻占画像纹、弋射画像纹、宴乐歌舞画像纹、狩猎画像纹等。在这些纹样里，没有对人物面部的刻画，很多只是简单的人形和剪影，人是场景里的一部分。

例如1965年四川成都百花潭中学出土，现藏于四川博物院的战国水陆攻战纹铜壶（图2-50），表明青铜器的装饰从过去的图案花纹发展为完整的画面，表现出了精湛的艺术技巧。战国水陆攻战纹铜壶通体用金银嵌错出丰富多彩的图像，画面分四层，每层又分左右两个图景。第一层左图是一幅习射图，右图是采桑图；第二层左图是一幅宴乐战舞图，右图为弋射图；第三层左图为攻城图，右图为水战图；第四层，也就是最底部一层，是狩猎和双兽桃形图案。整个壶面刻画了200多人的形象，人人各具特色，精彩纷呈，生动地反映了2300多年前战国时期巴蜀大地上生产、生活、军事、礼俗等生活场景。

·中国传统器物·

 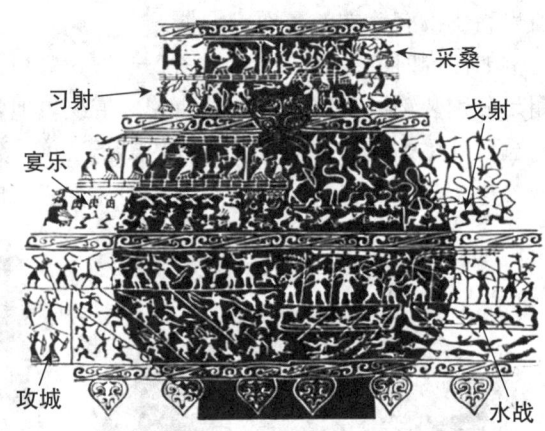

图 2-50　战国水陆攻战纹铜壶
四川博物院藏

在史前时期的陶器上就出现了以人为主题的装饰纹样，例如半坡遗址的人面鱼纹。商周时期的青铜器主要以动物纹和几何纹为主，商代也出现了以人面部特征雕塑的人面鼎，但并不多见。西周时期，大量青铜铭文出现。春秋战国时期，随着政权的更迭，青铜器上的纹样越来越灵活，展现了人的活力和新的精神面貌。在各种新的主题纹饰中，以宴饮最为常见。

第二节　巴蜀青铜器

一、巴蜀青铜器的类别

巴蜀青铜器主要是指从商代至汉初西南地区巴、蜀两国的青铜器。巴蜀青铜器作为中国青铜的重要组成部分，既受到中原青铜文化的影响，又彰显出独特的地域性。近年来，川渝两地出土了数千件巴蜀青铜器。此外，在云贵、陕西和湖南等地也有诸多发现，巴蜀青铜器甚至影响到越南北部红河地区的东山文化。巴蜀青铜器主要有礼器、兵器、生产工具和雕像等。礼器以罍为主要代表。兵器数量、种类繁多，地域特色明显，包括剑、矛、钺、戈等。生产工具主要有刀、斧、锛等。雕像主要是三星堆遗址的雕像群，目前在全国其他地方没有看到过相同类型的青铜雕像，艺术风格独树一帜。巴蜀青铜器表面采用的工艺主要有镂刻、错金银、浮雕等。纹饰常常采用动植物、异形兽类，以及几何图形等。在许多青铜器上，还刻有巴蜀特有的符号。

巴蜀青铜器以四川新繁水观音遗址、巴县冬笋坝、昭化宝轮院、彭州竹瓦街、成都羊子山、成都百花潭中学、重庆涪陵小田溪、新都马家乡、广汉三星堆、成都金沙遗址以及茂县、宣汉县等地的考古发现为主要代表。这些地区考古发现的墓葬大多属于东周时期。巴蜀青铜器按性质、用途大致可以分为生产工具、兵器、容器和雕像四大类。

(一) 生产工具

生产工具主要有刀、锛、斧、凿、斤、锯、削、锥、雕刀等。这些器物从商代至战国都有发现。商代蜀文化墓葬就出土有青铜工具,不过种类较少,数量也不多,只有斧、削、凿等。战国时期蜀文化墓葬出土了大量成套的青铜工具。四川新都战国木椁墓出土了各类青铜器 188 件,其中斧、斤、曲头斤、手锯、削、凿、雕刀等工具就有 12 套,一共有 60 件。而同一时期中原地区和楚、秦的墓葬中,很少见到如此大批量成套的青铜生产工具。

(二) 兵器

兵器在巴蜀青铜器中占有重要的地位,出土的数量、种类都比较多,主要有戈、矛、剑、戟、钺、镞、弩机、胄等,在成都平原和川东地区广泛分布。巴蜀青铜兵器中以戈、剑、矛、钺最富有特色,具有自身的发展演变体系。

1. 戈:巴蜀戈分为无胡戈和有胡戈两类。巴蜀无胡戈在蜀地产生最早,并且有完整的序列,是四川地区出土的青铜兵器中最重要的种类,主要特征是援部呈长三角形。铜戈见图 2-51。

图 2-51 铜戈
许蕾摄于三星堆博物馆

2. 剑:巴蜀青铜剑的显著特征是扁茎,无格,剑身呈柳叶形,茎与身同铸。一种剑剑身较宽并且薄,中间起脊,两侧有血槽,剑基大多浅刻虎纹和巴蜀符号;另一种剑剑身较窄并且厚,没有纹饰符号。在峨眉符溪、成都罗家碾和成都三洞桥青羊小区还出土了带鞘的双剑,可能是用于遥击的飞剑。铜剑见图 2-52。

图 2-52 铜剑
许蕾摄于三星堆博物馆

3. 矛：蜀文化的铜矛以骹两侧有弓形的双耳为最大特色，与中原地区铜矛的环形耳有较大的区别。蜀式矛分为长骹式矛和短骹式矛两种。长骹式矛的叶与骹的长度相同，短骹式矛有窄叶和宽叶之分，骹一般占全长的三分之一。巴文化铜矛与蜀式矛相近，但以短骹式矛为主，巴蜀铜矛的骹上大多有各种装饰纹样或者巴蜀符号。铜矛见图 2-53。

图 2-53 铜矛
代玲摄于绵阳博物馆

4. 钺：钺是一种像斧头但比斧头大的兵器，有圆刃可以砍劈，流行于商周时期。巴蜀铜钺具有显著特色，可以分为直内钺和銎内钺两类。直内钺刃部外突接近半圆形，銎内钺是圆形刃，形态接近斧头，两者都是晚商时期出现的，西周以后，巴蜀铜钺都是銎内钺。铜钺见图 2-54。

图 2-54 铜钺

许蕾摄于绵阳博物馆

（三）容器

巴蜀青铜容器包括各种礼仪、祭祀用器和实用器，在巴蜀青铜器中地位显著。

与中原地区不同的是，巴蜀地区的青铜礼器中比较少见到鼎，最常见的是罍。罍是商周时期蜀文化青铜礼器中的重器，明显有别于中原地区以鼎、簋相配的列鼎之制，也有别于楚文化的用鼎制度。巴蜀青铜礼器具有独特的组合方式，比如新都战国木椁墓出土的青铜器都是2件或5件为一组，其中又以5件成组的居多。5件成组体现了巴蜀文化特殊的礼制与葬制，应该是与文献所记载的"尚五"有关。以5件一组的列罍，第一次被发现是在1959年彭州竹瓦街的青铜器窖藏中，一共出土了8件容器和13件兵器，其中青铜罍5件。

1980年，在距离彭州竹瓦街前一个窖藏约25米的地方发现了一个大陶缸，缸里面有4件青铜罍和15件兵器，青铜罍原本也应该是5件。其中一件大型青铜礼器"象首耳卷体夔纹铜罍"是难得一见的精品，现在是四川博物院的镇馆之宝，国家一级文物，与中国国家博物馆的镇馆之宝后母戊鼎、上海博物馆大气雄浑的西周大克鼎、湖南省博物馆造型奇异的人面方鼎等相比，丝毫不逊色。

这件西周时期的"象首耳卷体夔纹铜罍"是一件盛酒器，整个铜罍通高74厘米，口径22.4厘米。因为它造型大方，铸造精美，纹饰美观，具有极高的历史、文化、艺术价值，所以被列为四川博物院的镇馆之宝，被陈列在四川博物院青铜馆入口最显眼处，与它并排展示的另一件青铜器"羊首兽面纹铜罍"也是国宝级文物，是1959年彭州竹瓦乡发现的第一批窖藏中的精品。

"象首耳卷体夔纹铜罍"之前又被称为"象首耳兽面纹铜罍"，因为它肩部的两个把手是大象头，所以叫"象首"，这个设计可谓兼具手握的功能性及对大象形态刻画的艺术性。罍的周身雕刻了夔龙、牛等兽面纹，因此被叫作"象首耳卷体夔纹铜罍"。

除此之外，巴蜀青铜容器常见的还有尊、盘、壶、觯、方彝、盉、鉴、敦、匜、甗、缶、豆、钫、提梁壶等。巴文化遗址还常见錞于、钲、编钟等乐器，上面大多有巴蜀符号。

(四) 雕像

1986年出土于广汉三星堆的1、2号祭祀坑的大型青铜雕像群，展示了巴蜀青铜文化的辉煌成就。这批青铜雕像包括两大类，一类是人物雕像，另一类是动植物雕像。

1. 人物雕像：有全身人物雕像、人头雕像、人面具像等，大概有80多个。全身人物雕像中最大的一尊大立人像通高260.8厘米，最小的一个只有3厘米高。这类雕像有站立、双膝跪坐、单腿跪坐等姿态。

人头雕像，仅2号坑就出土了41个，耳垂全部穿孔，帽子发式各异，反映出古蜀广泛的民族构成，它们与青铜立人像形成了有层次、有等级、有中心的结构。

人面具像前额正中或耳根部有方形或圆形孔，应是装配在某种物体表面的，它们大概是古蜀人心目中的祖先形象。其中青铜纵目面具可能与《华阳国志》"蚕丛纵目"有关，是祖先崇拜的形态，在宗教史上具有重要意义。

2. 动植物雕像：包括龙、虎、怪兽、蛇、鸟、鸡、蝉、树以及贝、墨鱼等。其中爬龙与其他地区的龙在造型上有明显的差别，其犄角内侧有一对小角，下颌有胡须，形态很像羊。青铜神树残高3米以上，有圆形底座，底座上还有两个跪着的人像，这棵树可能是古籍中记载的"众帝所自上下"的"建木"。海洋生物雕像反映了古蜀人的对外文化交流和经济活动。

总之，巴蜀青铜器兼容了中原青铜器的部分特征，但在形制和纹样构成上却有自身的特点，具有独特的地域性。古蜀人独特的艺术审美和高超的工艺水平由此可见一斑。

二、三星堆青铜器

(一) 三星堆遗址概况

三星堆遗址位于四川省广汉市三星堆镇，遗址分布面积约为12平方千米，核心区域是三星堆古城，面积大约为3.6平方千米，是目前在西南地区发现的范围最大、延续时间最长、文化内涵最丰富的古蜀文化遗址。三星堆遗址作为"20世纪人类伟大的考古发现"之一，被誉为"长江上游文明之源"，昭示了长江流域和黄河流域一样，都属于中华文明，它再度证实了中华文明的多元一体与多点起源。

三星堆遗址的发现始于1929年的春天。当地农民燕道成在自家院子附近挖水沟时偶然发现了400余件玉石器，引起了中外考古学家的高度重视。从20世纪30年代开始，几代考古学人都在此探寻。1986年，两个大型商代祭祀坑相继被发掘，青铜人像、青铜神树、金杖、玉璋、象牙等上千件精美文物横空出世，三星堆从此名扬天下。1988年，三星堆遗址由国务院公布为全国重点文物保护单位。

2019年11月至2020年5月，三星堆遗址新发现6座祭祀坑，平面都是长方形，规模在3.5至19平方米之间。目前，3号、4号、5号、6号坑内已发掘至器物层，7号和8号坑正在发掘坑内填土，出土金面具残片、鸟型金饰片、金箔、眼部有彩绘铜头像、巨型青铜面具、青铜神树、象牙、精美牙雕残件、玉琮、玉石器等重要文物500多件。

(二) 三星堆青铜器的种类

三星堆青铜器是我国青铜文化的杰出代表，也是世界青铜文明的重要组成部分。三星堆青铜器的视觉造型具有丰富多彩而又神奇诡谲的特征，显示出独特的地域性，与中原文化和长江中下游文化既有明显的区别又有紧密的联系，并且还受到西亚、南亚文化的影响，是早期中外文化开放交融的灿烂结晶。

三星堆1号、2号祭祀坑出土各类青铜器400多件，根据碳14测年法推定，1号坑相当于商代殷墟早期，2号坑相当于商代殷墟晚期。由此可知，三星堆文化应该与中原地区殷商文化平行发展，从它的青铜器铸造技术和工艺中可以看到二里头文化和二里岗文化的因素。我们可以将三星堆青铜器大致分为三星堆青铜人物像、三星堆青铜动植物像、三星堆青铜容器及其他器物等。

1. 三星堆青铜人物像。

（1）全身人像：最高的全身人像达260.8厘米，最小的只有几厘米高，有站立、双膝跪坐、单膝跪地等造型。

站立人像：有大有小，一般站立在方座上。在三星堆众多的青铜人像中，足以领衔群像的"最高统治者"非青铜立人像莫属（图2-55），无论是从服饰、形象还是体量等方面看，它都堪称"领袖人物"。出土于2号祭祀坑的青铜立人像，高1.8米，通高2.608米，重约180千克，采用分段浇铸法嵌铸而成，分为人像和底座两部分。他头上戴着高冠，脚上戴着镯子。身上一共穿了三层衣服，最里层穿的衣服最长，两摆下垂，很像今天的燕尾服，中间是一件"V"领的中袖衫，最外面是一件袒露左肩的长衫，衣服的表面还有复杂的纹饰，主要是变形的龙纹和神兽纹，可能就是最早的"龙袍"。人像胸前佩戴方格纹带饰，应该是"法带"一类显示权威的饰物。青铜立人像衣饰纹样线稿见图2-56。

图2-55 青铜立人像

张鸶鸶摄于三星堆博物馆

图2-56 青铜立人像衣饰纹样线稿

张鸶鸶摄于三星堆博物馆

·中国传统器物·

　　人像的手势极为夸张，双手巨大，环握中空，手掌环抱呈圆形，并且两只手并不在一条中轴线上，这究竟是特定的手势，还是拿着什么东西？拿的是一件物品，还是两手各拿一件？目前有各种不同的猜测，有人认为是玉琮，有人认为是权杖，还有人认为是类似彝族祭司使用的神筒或签筒。因为两只手组成的圆环并不在一条直线上，由此推测，他拿的不是一个笔直的东西。因此，有人认为是象牙或者蟒蛇，也有可能他什么也没拿，是在空手挥舞，表现的是祭祀的一种特定姿态。青铜立人像庄严肃穆，似乎表现的是一个具有通天异禀、神威赫赫的大人物正在作法。他被认为是古蜀国集神、巫、王三者身份于一体的权威性领袖人物，也是神权与王权的象征。

　　跪坐人像：此类人像一般高10多厘米，最小的只有3厘米左右，造型有高髻、戴帽等。例如出土于2号祭祀坑的青铜跪坐人像（图2-57），宽8.2厘米，高14.8厘米，大方脸，头发从前往后梳，再向前卷，发式具有很浓烈的地方民族特色。耳垂穿孔，可能原先佩戴了耳饰，双眼圆瞪，正视前方，张口露齿，神态严肃。上身穿右衽交领长袖短衣，系了两圈腰带；下身穿着"犊鼻裤"，一端系在腰前，另一端反系在背后腰带下。此人像呈跪坐姿势，双手抚着膝盖，手腕带着镯子，脚上套着袜子。这类人像一般被认为是做祭祀祈祷的巫祝形象，也就是男性巫师。

图2-57　青铜跪坐人像
张鸳鸳摄于三星堆博物馆

　　（2）人头像：三星堆的两个祭祀坑共出土了50多件人头像，这些人头像面容清瘦，表情凝重，耳朵上有穿孔，估计是用来佩戴耳环的。虽然说它们的造型风格是一致的，但是细节的刻画绝不雷同，就头顶造型而言，有平头顶戴冠的，有戴发簪的，有戴头盔的，还有戴帽箍或者编发造型的，头顶造型反映了人物的不同身份等级，有冠的地位可能高于无冠的，执掌着较大的政治、宗教权力。

　　此外，还有4件戴金面罩的青铜人头像。这4件青铜人头像的大小、风格跟其他人

46

头像基本上是一样的,但带上了金面罩让它们显得与众不同,有可能是在重要场合才会使用的特殊人头像,或者代表了身份高贵的人。例如出土于 2 号祭祀坑的戴金面罩青铜人头像(图 2-58),头像为平顶,头发向后梳理,发辫垂在脑后,发辫上端用宽带套束,具有浓郁的地方民族发式风格。金面罩用金皮捶拓而成,大小、造型和青铜头像面部特征相同,眼眉部镂空,制作非常精致,给人以权威与神圣之感。

图 2-58 戴金面罩青铜人头像
张鸷鸷摄于三星堆博物馆

(3)面具像:三星堆的两个祭祀坑一共出土青铜面具 22 件,面具像大多脸又宽又方,粗眉大眼。在众多青铜面具中,造型最奇特、最威风的要数青铜纵目面具。目前的青铜纵目面具都是 2 号坑出土的,一共有 3 件,分为 A、B 两型。其中 A 型的 2 件较小,B 型的 1 件体量较大。A、B 两型纵目面具造型大体相同,但在几个地方略有差异:①A 型面具额头上铸有高约 70 厘米的夔龙形额饰,因此被称为青铜戴冠纵目面具(图2-59),而 B 型面具额头正中是一个方孔。②两型面具耳朵的大小与形态不同。B 型面具的桃尖形双耳很大,向两边充分伸展并向上耸起,呈飞扬之势;A 型面具的耳朵造型就没有那么夸张,两只耳朵基本上是平直的,并没有上扬的感觉。

·中国传统器物·

图 2-59　青铜戴冠纵目面具
张鸳鸳摄于三星堆博物馆

B型面具就是有着"千里眼""顺风耳"之称的青铜纵目面具（图 2-60），宽 138 厘米，高 66 厘米。它的眼球极为夸张，呈柱状向前凸出达 16 厘米长；双耳向两侧充分展开；短鼻梁，鼻翼呈牛鼻状向上内卷；嘴巴又宽又深，嘴缝深长上扬，呈神秘微笑状。

图 2-60　青铜纵目面具
代玲摄于三星堆博物馆

超现实主义的造型使这尊面具显得威风凛凛，它究竟是人还是神的象征呢？目前，对这尊面具，除了普遍认为它表现的是第一代蜀王蚕丛外，还有几种不同的看法：有的人认为它应该是兽面具；有的人认为面具左右伸展的大耳朵是杜鹃鸟的翅膀，它的形象应该是传说中死后魂化为杜鹃鸟的第四代蜀王杜宇；还有人认为它是太阳神等。我们倾向于认为这件面具既非单纯的人面像，也不是纯粹的神面具，而是一种人神同形、人神合一的意象造型，巨大的体量、极为夸张的眼睛与耳朵都是为了强化其神性，它应该是古蜀人的祖先和神的意象的结合。

2. 三星堆青铜动植物像。

（1）树：三星堆的 2 号祭祀坑中共出土了大大小小 8 棵青铜神树。其中Ⅰ号大型铜神树，树干残高 3.59 米，通高 3.96 米，这是目前在世界范围内发现的形体最大的古代单件青铜器。从现代美学的角度来看，神树造型合理，布局严谨，比例适宜，对称中有变化，对比中求统一，虽然由多段、多节组合而成，并采用了套铸、铆铸、嵌铸等工艺，但是浑然一体，是青铜铸造的精品。神树由底座、树和龙 3 部分组成，采用分段铸造法铸造，树干顶部和龙身部分略有残缺。树的底座呈穹隆形，三面镂空，像一座神山。树分 3 层，每层有 3 个树枝，树枝上有刀状的果叶和硕大的果实，在每颗朝上的果实上都站着一只鸟，全树一共有 9 只造型相同的鸟。树干上嵌铸了一条造型怪异的龙，龙头朝下，身体像一根绳子，前爪匍匐在树座上，后爪像人手，身上还挂着刀状的翅膀。中国龙的造型从古至今千变万化，但像这样怪异的龙还是独有的。神树反映了古蜀先民对太阳及太阳神的崇拜，它在古蜀人的神话意识中具有通灵、通神、通天的特殊功能，是人神沟通中极具典型意义和代表性的实物标本。

（2）龙：出土于 1 号祭祀坑的铜龙柱形器（图 2-61），高 41.1 厘米，龙的前爪趴在器顶上，身体和尾巴贴在器壁上，后爪紧抓器壁两侧，尾巴上卷，从头部的犄角和胡子来看，酷似山羊。龙本是中国古代传说中一种能上天入地、呼风唤雨的神奇动物。这件铜龙柱形器做工精美，可见龙在古蜀人的眼中也是地位崇高、具有神威的灵物。

图 2-61　铜龙柱形器

张鹭鹭摄于三星堆博物馆

(3) 鸡：出土于 2 号祭祀坑的青铜鸡（图 2-62），铜鸡立于"门"字形方座上，方座边长 2.5 厘米，鸡长 11.7 厘米，通高 14.2 厘米。铜鸡用范铸法铸造，尾巴部分的羽毛丰满，微微仰着头，气宇轩昂。鸡冠、眼、喙、爪、羽毛等都刻画得一丝不苟，神形兼备。这个铜鸡表现的不是家禽意义上的"鸡"，而是有着更深沉的象征意义，可能代表着古代神话传说中的"天鸡""神鸡"。它引吭高歌，呼唤日出，给人间带来光明。

图 2-62 青铜鸡
张鸳鸳摄于三星堆博物馆

(4) 虎：铜虎（图 2-63），残长 43.40 厘米，宽 13.05 厘米，铜虎巨头立耳，张口露齿，昂首怒目，虎尾向下，尾尖翘卷。铜虎是双面雕刻的，一面微拱呈半浮雕状，没有纹饰；另一面全身铸有虎斑纹凹槽，槽内镶嵌小方块绿松石。铜虎前后腿部拱面有半环纽，应是用来套穿绳线或者铜丝的，以便于悬挂。它的造型以简驭繁，气韵生动，不仅说明古蜀人对虎的观察相当仔细，也表明虎的形象在古蜀人心目中有着十分重要的地位。

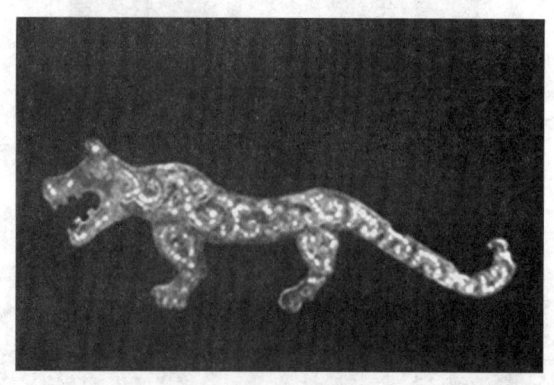

图 2-63 铜虎
三星堆博物馆藏

(5) 蛇：出土于 2 号祭祀坑的青铜蛇（图 2-64），残长 110.5 厘米。青铜蛇采用分段铸造法制成，铸件之间有铆孔，分段铸成后，再铆嵌连接成形。青铜蛇三角形的脑袋微微上昂，长着一双勾云纹的眼睛，身上有菱形纹和鳞甲，背部有残断的翅膀。蛇颈部和腹部有环纽，估计这条蛇原来是挂在某种物体上作为神物受人顶礼膜拜的。

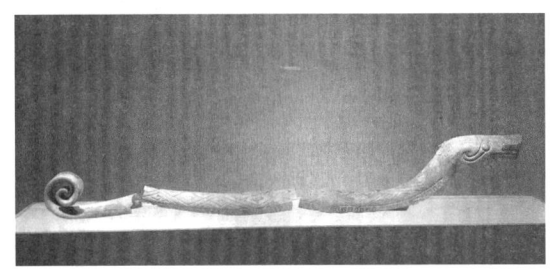

图 2-64　青铜蛇

代玲摄于三星堆博物馆

(6) 凤鸟类：三星堆遗址出土了大量与鸟有关的重要礼器。鸟作为古蜀国的图腾，与树、太阳等相结合构成了三星堆复合的图腾崇拜。鸟图腾是三星堆图腾文化的核心，我们以出土文物数量、造型艺术手法并结合相关文献将凤鸟类器物分为了以下四类。

一是以流畅、简洁有力的线条刻在铜牌或其他青铜器上的线型鸟纹。比如青铜人身形牌饰（图 2-65）上的鸟纹，鸟的头部像一只戴有皇冠的猫头鹰，眼神凌厉凶狠，尾巴上扬。图案的线条规整有韵律，鸟的形态张扬，气势磅礴。三星堆金杖上的鸟纹则与铜牌上的鸟纹在整体造型上有较大的差异，艺术表现形式上的差异在于铜牌上的鸟纹更凌厉和繁复，而金杖上的更加简洁柔和。两者在图形设计上都采用重复的构成方法和简洁的线条概括出鸟的形态。

图 2-65　青铜人身形牌饰

张鸳鸳摄于三星堆博物馆

二是长钩喙立体造型的青铜鸟（图2-66）。立体造型的青铜鸟出土的数量、种类众多。最具有代表性的就是立于三星堆1号青铜神树上的9只神鸟，每一只鸟都长着长长的钩喙，眼睛突出，尾部上翘，出土时翅膀已折断。从造型上看，鸟的整体形态圆润饱满，刻画简洁，脖颈处和尾部都是镂空的，镂空的图案和线条有机组合、排列有序，翅膀的根部还有类似祥云的纹样，规律中富有变化。还有一些散落、没有找到"归宿"的铜鸟形器与神树上的鸟造型类似，应该属于同一种含义的鸟。这类鸟的形象符合古蜀人对首领祖先的崇拜，应该是古蜀时期最为盛行的神鸟形象。

图2-66 青铜鸟
张鹭鹭摄于三星堆博物馆

三是鹰隼形的鸟。三星堆出土的一件大型铜鹰形铃，头的断面是椭圆形，钩喙短而有力，眼神凶猛。鸟头体积很大，线条干净利落，点、线、面有机结合。此外，还有一件铜鹰形铃鸟头的设计也与它类似，鸟的身体部分像是被羽毛遮盖住，绘有几何线条，在铃中间有可以活动的铃舌，呈现出獠牙状。这类器物着重于对鸟头的艺术表现。

2号坑出土的青铜大鸟头（图2-67）是三星堆鸟形器物中形体最大的一件，通高达40.3厘米，形似鹰或者鱼鹰，造型极简却充满震慑力。出土时其勾喙口缝及眼珠周围涂有朱砂，颈部末端有三个用于固定的小圆孔，它可能是神庙建筑上的饰件，也可能安装于某种物体上作仪仗之用。

图 2-67 青铜大鸟头

代玲摄于三星堆博物馆

四是《山海经》中鸾凤的写照。出土于 2 号祭祀坑的青铜鸟,整体构成流畅的"S"形。青铜鸟双眼浑圆,鸟嘴长而尖,翅膀较小,尾巴长而下垂。鸟的冠羽硕大,像一排迎风招展的旌旗,冠羽及内部的纹饰风格清朗婉丽,鸟头、颈与前胸装饰的鱼鳞状羽纹及腿部外侧装饰的卷云纹精细繁密,与鸟体弯曲的形式相呼应,给人以典雅庄重之感。此外,还有很多青铜鸟形器在造型上也具有凤鸟和鸾鸟的特征,这类鸟形象完全符合《山海经》中对鸾凤的描写,安静祥和、华美典雅。

(7)怪兽类:铜怪兽(图 2-68),头像鹿,粗颈,立耳,有双角,角有残缺。前胸宽厚,腰身细长,后臀肥硕。蹄像马蹄,尾巴粗大,上下分尾,一尾在上向前勾卷,一尾向后摇曳。

图 2-68 铜怪兽

张鸶鸶摄于三星堆博物馆

3. 三星堆青铜容器及其他器物。

（1）青铜容器。

第一，尊。尊一共发现了10余件，主要有龙虎尊、三羊三鸟尊、八鸟四牛尊等，其中，出土于1号祭祀坑的龙虎尊（图2-69），圈足高12.0厘米，残高43.3厘米，肩部铸有3条浮雕状的龙，像是在游动一般，龙头由器肩伸出，龙角为高柱状，龙眼浑圆，身上装饰有菱形重环纹。尊的腹部有3组相同的花纹（图2-70），主纹都是高浮雕的虎与人。虎的颈下铸有一个人，人头对着虎口，人物曲臂上举，两腿分开下蹲。这种主题的图像可能是表示人对虎的崇拜，并由此获得虎的力量，体现了人与自然的结合。这件青铜尊出土时，里面装有被烧过的玉石器残片、海贝和铜箔饰件等，说明青铜尊入坑前装满了祭祀用品。

图2-69　龙虎尊　　　　　　　　　　　图2-70　龙虎尊纹饰线稿
张鸳鸳摄于三星堆博物馆　　　　　　　张鸳鸳摄于三星堆博物馆

第二，罍。以2号祭祀坑出土的铜罍为例（图2-71），罍通高35.4厘米，器型瘦高，器物为方唇窄沿，口部、颈部和腹部都是平直的，底部弧形内收，圈足稍稍往外撇。颈部装饰了3圈凸弦纹（图2-72），肩部铸有4个简化的羊头。肩部、腹部及圈足上各有4条扉棱，上下对应，将纹饰进行四等分。扉棱是青铜器和瓷器上常见的一种装饰，一般是凸出的条状，将器物上连续的图案分割开来，后来纯用于器物的装饰。铜罍的肩部与腹部上沿装饰象鼻龙纹，腹中部的主纹是兽面纹，兽面纹正中凸起一条很浅的棱，主纹两侧是以扉棱为中轴的倒置的兽面纹，下面是目云纹饰带，圈足装饰双列式目纹。

图 2-71　铜罍
张鸳鸳摄于三星堆博物馆

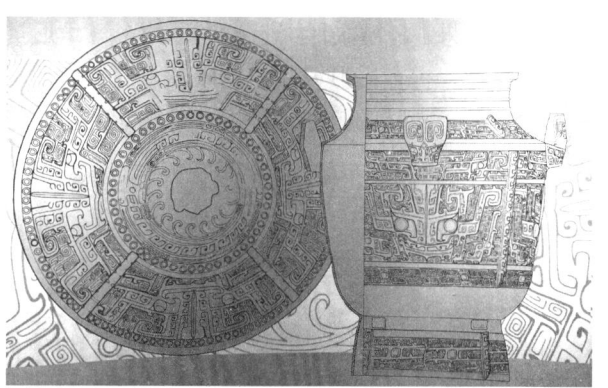

图 2-72　铜罍纹饰线稿
张鸳鸳摄于三星堆博物馆

(2) 其他。

第一，太阳形器。三星堆出土的太阳形器全部被砸碎并被火焚烧过，从残件中能识别出 6 个，修复后基本复原的 2 件太阳形器的直径都在 85 厘米左右，造型完全一致。整体是圆形，分为 3 层，最外面是一个大圆圈，中心是一个凸起的圆形，中间是 5 条放射状的太阳光芒。中心及四周的圆孔是用来安装固定的。在世界各地的早期岩画和文物中，有关太阳的图案或其纹饰非常多，而以青铜实物形态来表现太阳的却很少见，多数意见认为太阳形器应该是常设在古蜀国神庙中的神器，或者用于祭祀仪式，被钉挂在某种物体之上，作为太阳的象征接受人们的顶礼膜拜。三星堆祭祀坑出土的许多重器上各式各样的太阳纹饰表明，太阳崇拜在古蜀国的宗教文化中非常突出。可以推测，商代的古蜀国已经有了专门祭日的仪式，且祭日仪式在古蜀国的祭祀中具有举足轻重的地位。青铜太阳轮见图 2-73。

图 2-73　青铜太阳轮
张鸳鸳摄于三星堆博物馆

第二，眼形器（图 2-74）。眼形器出土于 2 号祭祀坑，可大致分为 3 种。A 型眼形器是完整的菱形，四周是直边，中间的圆形眼球凸起，周围下凹，使"眼球"显出"纵目"的视觉效果。B型眼形器是由上下两个三角形拼合构成的菱形眼形器。中间凸起的眼球是半球状，拼合后形成完整的眼球形状。C型眼形器是由4个小的直角三角形为一组拼合构成的，中间的眼球也是由4部分组成。

图 2-74 青铜眼形器
张鹭鹭摄于三星堆博物馆

菱形代表的应该是人的眼睛，眼眶被简化为菱形，两侧用三角形表示，眼睑中间的圆形是眼珠，可能是鸟类或者怪兽的眼睛。三星堆很多青铜鸟和青铜人头像的眼睛都是这个形状，每个眼形器的上面都有小孔，可能是组装或固定用的榫眼。

总之，三星堆遗址的发现，为古蜀国的存在提供了有力的实物佐证，把古蜀国的历史向前推进了2000多年，证明了长江流域与黄河流域同为中华民族的发祥地，同样存在过辉煌的青铜文明。三星堆青铜冶铸技术成熟，器物造型丰富、结构精巧、富有生命力，呈现出恢宏磅礴、奇谲神秘和多元统一的艺术风格。

第三章 秦汉陶俑、铜器、漆器

第一节 秦汉陶俑

俑指古代陪葬用的陶制或木制的偶人。春秋战国时期,替代人殉的俑就已经出现了。从材质看,俑有石俑、木俑、铜俑、陶俑、漆俑、瓷俑等。陶俑是其中的一类。中国古代陶俑是一种以现实的人为主要表现对象的文物,它真实绘写了中国历史上各个时代的世情礼俗,同时又包容着历朝历代人们对美的理解(呼林贵、刘恒武著《替代殉葬的随葬品——中国古代陶俑艺术》)。

在此,我们将陶俑界定为具有人物形象的陶质明器。据此研究陶俑,势必包含三个层面的内容:第一,从功能层面看,陶俑是陪葬明器,体现了特定历史时期人们的礼仪、宗教和民间信仰,折射出丧葬文化中的来世观念。第二,从工艺层面看,陶俑与烧作(制陶)、雕塑和彩绘关系密切。第三,从造型层面看,陶俑从属于捏塑、雕塑艺术。如陕西临潼出土的秦始皇陵兵马俑,由与真人真马等大的兵马将士排列成威武雄壮的军阵,体现了秦代雕塑工匠的高超技艺,创造出中国古代雕塑史上的奇迹。

一、秦俑

公元前221年,秦王嬴政横扫六合,统一天下,自称始皇帝,建立了中国历史上第一个中央集权的封建王朝——秦朝。秦朝尽管国祚短促,但却奠定了此后中国2000多年封建大一统格局的基础。

秦始皇在世时,"大兴厚葬""营建冢圹于骊戎之山"。在骊山秦始皇帝陵东侧出土的兵马俑是中国古代俑器的巅峰之作。无论从俑器的历史文化价值、制作工艺水平、写实主义风格还是总体可发掘规模来看,秦始皇陵兵马俑都创造了世界雕塑史上的奇迹。

一般来说,秦俑主要指秦始皇陵附近三个大型兵马俑坑所出土的陶俑,还包括秦陵附近马厩坑出土的跪坐陶俑(呼林贵、刘恒武著《替代殉葬的随葬品——中国古代陶俑艺术》)。秦始皇陵三个兵马俑坑中,1号俑坑是车兵和步兵结合组成的大型军阵,布局方正严密。2号俑坑是一个近于曲尺状的大型军阵,以车兵、步兵(包括弓弩兵)、骑兵联合配列。3号俑坑则是一个军事指挥所,规模较小,陶俑配置也少。秦俑是中国历史文化的标签,也是古代中国人模件化生产创造的奇迹。

秦陵出土的陶俑有武士俑、骑兵俑和陶鞍马、步兵俑、车兵俑以及相配的战车、陶马。每一件秦俑都有细致的刻画，秦俑的服饰、甲胄、发饰是对秦人、秦兵的写实，表情传神，胡须、发型、服饰（包括服装、发带、鞋履、冠冕等）、装备以及军阶、年龄、身材状况的差异一目了然。兵士俑持握的武器与身体姿态配合协调，武士俑铠甲甲片的尺寸、甲片间叠压连缀的方法都与真实的甲胄无甚差别。这些陶俑为我们提供了研究秦人精神面貌、经济生活状态的视像材料。秦俑持握的兵器、配置的战车都是当时的真实物件，配置的陶马基本与当时的真马等大，写实逼真，陶马的牙齿颗数也与秦时军马年龄相当。它们如实反映出秦军的军事装备水平。

秦俑以雕塑为主，以彩绘为辅，经泥塑、窑烧、组装、彩绘等环节制成。红、黑、蓝、白、黄等强烈对比色构成的彩绘至今还残留在陶俑上，成为研究秦时雕塑与彩绘相结合的制俑方法的重要依据。秦俑标志着中国古代雕塑艺术与俑器制作、烧造工艺的结合进入了一个新阶段，其模件化制作和规模化生产反映了2000多年前中国物质文明发展已达到很高水平。

（一）兵马俑的艺术特点

兵马俑给人的印象是大、多、壮、美。大不仅是指场面大，更是指陶俑个头大。这样巨大而又围绕一个主题展现的艺术群雕，在世界雕塑史上绝无仅有。陶俑平均身高1.8米，有的在1.9米以上。陶马身高1.7米，身长2米。这是历代帝王陵墓中唯一按照1∶1的比例制作而成的陶俑陶马。从陶俑的装束、表情和手势就可以判断出其是官还是兵，是步兵还是骑兵。

兵马俑的人物从身份上区分，主要有军吏俑和士兵俑两大类，另外还有马俑。

1. 军吏俑：军吏有低级、中级、高级之分。一般士兵不戴冠，而军吏戴冠，普通军吏的冠又与将军冠不同，铠甲也有所区别。高级军吏俑俗称将军俑，数量极少，出土不足10件。将军俑身材高大魁梧，气质出众，有大将风度，又分为战袍将军俑和铠甲将军俑两类，共同的特点是头戴鹖冠。鹖是古书上记载的一种善斗的鸟，鹖冠就是用这种鸟的羽毛作装饰的武官的帽子。战袍将军俑着装朴素，但胸口有花结装饰，而铠甲将军俑的前胸、后背以及双肩共装饰8朵彩色花结，衬托出他的等级、身份，以及在军中的威严。

2. 士兵俑：士兵包括步兵、骑兵、车兵三类，士兵俑细分为立射俑、跪射俑、骑兵俑、驭手俑等。根据实战需要，不同兵种的武器装备也不同。其中数量最多的是武士俑，就是普通的士兵，身上穿着甲片细密的铠甲，胸前有彩线挽成的结穗，大部分手上拿着青铜兵器，有弓、弩、箭镞、铍、矛、戈、殳、剑、弯刀和钺等。

3. 马俑：马俑与真马大小相同，双耳挺直，双眼圆睁，看起来精神焕发。

兵马俑人物的雕刻技术十分精湛，大到身体结构，小到须发眉毛，都是精雕细琢，一丝不苟，甚至连接甲片的皮筋、扣接革带的带钩、绑扎腿部的绷带、系鞋的鞋带、鞋底的针脚等都有细致的刻画。其中，兵马俑头部的雕刻最为精致，可谓"千人千面"。他们有的眉宇凝重，端庄肃穆；有的面容清秀，微微含笑；有的双眼圆瞪，怒发冲冠。从他们的脸上，我们能大致判断出他们的年龄和居住的地域，甚至能猜测出他们的内心活动，这就是兵马俑的精妙所在。

（二）兵马俑的制作步骤

兵马俑的制作主要分为以下几个步骤。
1. 用泥塑成俑的形态。
2. 覆盖一层细泥进行细部加工。
3. 将单独制作的头、手和躯干组装在一起，完成陶俑。
4. 把阴干后的陶俑放进窑内焙烧，窑内温度约为1000℃。
5. 俑烧成出窑后，再一件件地绘彩，最终完成陶俑的制作。

依据破碎的陶俑提供的信息推测，陶俑的头和手是用模子制成粗胎后再进行细部雕刻的，而陶俑的身体为纯手工制作。仅身体的制作又分为六个步骤：第一步，制作陶俑站立的足踏板；第二步，塑造俑的双脚；第三步，塑造双腿及短裤；第四步，塑造躯干；第五步，阴干陶俑躯干后，粘接双臂；第六步，插接双手。这六个步骤完成后，还要再进一步细致雕刻装饰。每个陶俑都是真人大小的彪形大汉，难怪这是一项旷日持久的浩大工程。

（三）兵马俑的色彩

我们今天看到的兵马俑都是灰色的，但是兵马俑原来是彩色的。当时用来绘制兵马俑的全部是矿物颜料，不容易掉色或发生化学变化，比现代的化学染料和植物颜料都更高级和固色持久。很多名画，比如达·芬奇的《蒙娜丽莎》、宋代天才少年王希孟的《千里江山图》，都是用珍贵的矿物颜料画的，所以几百年都没有褪色。但是兵马俑历经火烧、水淹和2000多年的时间考验，发掘后暴露在空气中被迅速氧化，所以我们今天已经看不到它色彩斑斓的样子了。

根据陶俑和陶马身上残留的痕迹，研究者发现其有朱红、大红、紫红、粉红、深绿、粉绿、粉紫、天蓝、中黄、橘黄、黑、白、赭等多种色彩，并且每一个兵马俑身上的颜色都不一样，都经过了严格的色彩搭配，可谓千人千色。其中粉绿、朱红、粉紫、天蓝这四种颜色使用最多。红色由朱砂、铅丹、赭石制成，绿色由孔雀石制成，蓝色由蓝铜矿制作，紫色为铅丹与蓝铜矿合成，褐色由褐铁矿制成，白色由铅白和高岭土制成，黑色由无定形炭制成。这些矿物质都是中国传统绘画的主要颜料，秦俑运用了如此丰富的矿物颜料，说明2000多年前中国人民已能大量生产和广泛使用这些颜料了。

此外，兵马俑的彩绘非常特殊，不是直接在陶俑上施彩，而是有复杂的工艺。当时的工匠先在烧好的陶俑上涂一层从植物中提取的生漆，再在生漆上上色。这可以让原本粗糙的陶俑表面变得非常平滑，同时上漆也是当时的时尚。但是，漆器彩绘保护一直都是考古界的难点和重点。兵马俑发掘之初就发现过有彩绘痕迹的陶俑，直到1997年，彩绘保护技术才在陶俑残片上试验成功。1999年，在发掘秦俑2号坑时，出土6尊彩绘跪射武士俑，这6尊陶俑全身不仅留有大片彩绘，而且色彩非常鲜艳。就是在这一次，抗皱剂和加固剂这种联合保护法开始大规模使用。

2012年，美国《国家地理》杂志做了关于秦俑彩绘保护的专题报道：早期发掘中，考古学家只能眼睁睁看着陶俑的彩绘在空气中消退。如今，保护技术的进步加上好运气,为我们展示出兵马俑的真实色彩。相信随着彩绘保护技术的不断攻坚和发展,越来越多的色彩可以留在兵马俑上。根据美国《国家地理》杂志制作的兵马俑复原效果图,我们可以想象出秦始皇陵刚建成时绚丽多彩的陶俑整齐排列,大秦帝国五彩军阵是何其壮观。

二、汉代陶俑

西汉统治者"罢黜百家,独尊儒术",依照儒家经典制定朝仪及丧葬制度,完成了丧葬制度的改革和统一,活人殉葬得以废止。殉人风尚绝迹后,代之而用的主要是陶俑,还有木俑和铜俑。按照礼制,替代活人殉葬的俑被严格规定有各种等级,各等级的区别主要体现在数量上。陶俑陪葬由京畿普及至边疆。

两汉时期有负责制作各种随葬器物的皇家手工业作坊——东园。汉代宫廷贵族重视丧葬礼仪,任命官吏专司主持丧仪和制造陵墓随葬品。在厚葬风气的影响下,陶俑作为一种陪葬品得以大规模生产制作。

从考古发现来看,汉俑的种类之多、数量之大、制作工艺之成熟、风格之多样,远远超过了前代,而汉以后出现的大宗俑器品类在这一时期也都出现了,汉代陶俑在制作上已经进入成熟期。

一般来说,陶俑的制作可分为陶泥筛选、分件模制、修细、黏合、入室烧制和彩绘几个步骤,主要技法有雕刻、捏塑、模制。

两汉不同时期的陶俑各具其时代特色与地域风格。从地理分布看,汉俑主要有关中地区西汉陵园型陶俑(陵墓兵马俑、侍从俑、持盾俑、持物俑、裸体俑等)、中原汉俑(小型陶俑、大型陶俑、俑群)、巴蜀汉俑(乐舞俑、杂技俑、兵士俑、文官俑、劳动俑、生活俑、方相俑、镇墓俑等)、两广汉俑(托灯俑、配合场景的场面人事俑、船夫俑、乐舞俑、侍俑、镇墓俑)这四大系。

汉代陶俑是雕塑与彩绘结合的产物。俑的身份、姿态各不相同,有兵士、农夫、庖厨、文官,以及杂技、说唱、歌舞、奏乐等,有的还组合成群,或与其他明器构成情景化表达的场景人事俑。

汉俑与秦俑相比,形体较小,但造型艺术有了很大的提高,俑的局部造型更加细腻、生动,身体线条也更加流畅,具有写实传神的质朴之美,体现了汉代雕塑工匠高超的技艺。

(一)秦俑与汉俑的比较

汉俑是在秦俑的影响下发展起来的,但是两者在尺寸、人物神态和题材上有所区别。

1. 尺寸:首先,两者在尺寸上有较大的差异。秦始皇陵出土的兵马俑是真人大小,身高基本为1.7~1.8米,而且是实心的;汉初提倡节俭,陪葬的俑比例缩小,普遍只有几十厘米高,而且大多是空心的。

2. 人物神态:秦俑是用整齐阵列向人们展示为死者送葬的森严军阵,由于每个陶俑的装束和神态都不一样,所以有"千人千面"的说法。有人将秦俑的审美特性定义为写实,将汉俑的审美特性定义为写意。汉代陶俑的微表情更多、更传神,具有很高的艺术价值。

3. 题材:秦俑是高度君主集权专制统治下的产物,统一、威严。汉俑同秦俑相比,气魄不足,但是题材丰富、造型多样、数量众多,主要塑造的是社会各个阶层的人物,形象更加生动活泼,比较全面地反映了当时的社会风貌,可以这样说汉俑体现了汉代人的生活百态。

(二)四川汉代陶俑的特点

全国各地要数四川地区出土的汉代遗存最丰富,艺术水准最高。汉代四川地区非常富庶,厚葬成风,由王公贵族沿及黎民百姓。当时的人希望死后也要享受和生前一样的生活,所以就把陵墓当成死后的乐园,因此陶俑作为随葬品风行一时,营造出一番马驰牛走、鸟飞鱼跃、歌舞升平的景象。

陶俑既是明器又是艺术品。汉代四川地区的陶俑以小巧质朴、趣味生动和微笑彰显特色。塑造手法质朴简洁,概括力很强,大部分只雕刻大致形态,不会精雕细刻,在人物神情上,更是表现细微,生活气息非常浓厚。无论是说唱俑还是乐舞俑,都饱含笑意,而这些神态各异的笑容,使得四川汉代陶俑具有独特的魅力。因此,有人戏称四川地区的汉代陶俑为"微笑俑",认为其充分体现出了汉代四川地区的富足和人民生活的幸福指数,是对"天府之国"的最好诠释。

(三)四川汉代陶俑的种类及典型代表

陶俑从种类上来讲,主要有人物俑和动物俑。此外,还有陶楼、陶灶、陶田等。

1. 人物俑:分得很细,有劳动俑、庖厨俑、乐舞俑、说唱俑、仕女俑等。

(1)劳动俑(图3-1):劳动俑主要表现的是当时的劳动人民劳作的场景,例如手里拿着农具锸的陶俑。

(2)庖厨俑(图3-2):厨师头戴小方帽,面前摆着鸡、鸭、鱼、鳖、羊头、姜和饺子等食材。特别值得一提的是,庖厨俑面前摆放的一个饺子,是迄今有实物可见的最早的饺子,堪称"天下第一饺"。

图 3-1　劳动俑　　　　　　　　　图 3-2　庖厨俑
代玲摄于四川博物院　　　　　　　代玲摄于四川博物院

我国古代将厨房、厨师、菜肴统称为庖厨，因此这件庖厨俑，按照现在的职业称谓，也就是厨师俑。此类作品在四川东汉墓中常有发现，是汉代四川地区人民注重饮食生活的真实反映。

（3）乐舞俑（图3-3）：两汉时期的巴蜀物产丰富，人民安居乐业，歌舞百戏空前繁荣。民众希望将现实的欢乐带入来世。因此，这一时期的随葬器物中出现了大量乐舞俑，具体有说唱俑、舞蹈俑、抚琴俑、吹箫俑等，其中最有名的是说唱俑。

图 3-3　乐舞俑
代玲摄于四川博物院

(4) 说唱俑：四川地区出土的说唱俑，神态各异，非常有特色。说唱艺人大多身材矮小，表演时，他们边击鼓边歌唱，以滑稽逗乐来博得观赏者的欢心。他们往往随时侍奉在主人身边，即兴表演，随时供人取乐。当时的皇室贵族、豪富大吏流行蓄养说唱艺人。说唱艺人可以说是我国喜剧表演的始祖，只不过在当时其社会地位是非常低的。

东汉击鼓说唱俑：最有名的一尊说唱俑是现藏于中国国家博物馆的东汉击鼓说唱俑，1957年出土于成都市天回山崖墓，俑高56厘米，用泥质灰陶制成，头上戴着头巾，两肩高高耸起，光着脚，上半身裸露，只穿了裤子，左手环抱着一个扁鼓，右手举槌正要击打，张口嬉笑，神态诙谐，动作夸张，活灵活现。

立式说唱俑：1963年出土于郫县（今成都市郫都区）的立式说唱俑，地位与击鼓说唱俑相当，也是由灰陶捏制而成，高66.5厘米，现藏于四川博物院。它的表情很丰富，眼睛微眯，斜嘴吐舌，双肩高耸，左手拿着一个扁鼓，右手紧握鼓槌，小腹突起，臀部上翘，裤腰带系在肚脐下面，滑稽的动作给人们留下了深刻的印象。

(5) 仕女俑（图3-4）：1963年出土于郫县宋家林东汉砖墓的执镜俑，与普通的侍女俑有所不同，她头上左右两边各戴了一朵大花儿，面带笑容，左手拿着一面圆镜放在胸前，右手放在膝盖上。她穿着褶领大袖袍，衣褶与纹饰清晰，袍上的朱红色彩绘很明显。

图3-4 仕女俑
代玲摄于四川博物院

(6) 其他陶俑。

东汉秘戏陶俑：四川泸州合江县古墓出土的东汉秘戏陶俑是汉代陶俑中极具特色的

一件，它所表现的题材非常特殊，是男欢女爱的秘戏场景。这件秘戏陶俑通高约10厘米，材质为红陶。外形是男女二人并排而坐，男俑头戴高帽，穿着长服，头微微右偏，面带微笑，右手搭在女俑的香肩上，左手抚摸着女俑秀美的脸颊。女俑身穿广袖长裙，把发髻盘在脑后，面带笑容与男俑亲吻。

在雅安荥经县和眉山彭山区等地都出土过接吻的汉代石雕和浮雕等，这体现出汉代开放的社会环境与生殖崇拜。

方相氏俑（图3—5）：1957年出土于成都市天回山崖墓的方相氏俑，现在只剩下头部较完整。从其残破的身躯可以得知，俑高大约1米，口中吐出的长舌头一直悬到腰下，足足有56厘米长。他右手拿着斧头，左手握着一条蛇，面部狰狞。方相氏俑在四川东汉崖墓中多有出土，身份可能是我国古代用来驱逐疫鬼的人，起到镇墓的作用。它的职责是保护墓室不受恶魔侵扰，让墓主人的亡灵平安升天，享受和阳间同样太平的生活。

图3—5 方相氏俑
代玲摄于四川博物院

2. 动物俑：两汉时期，巴蜀农业经济繁荣，厚葬之风盛行。随葬器物中出现了大量的动物俑，有陶狗、陶猪、陶鸡、陶马等。

四川博物院有一只陶狗（图3—6）非常引人注目，它是1972年在成都市天回山崖墓出土的，高77厘米，长65厘米，腹围32厘米，尺寸比真狗略小一点。狗头和身体分开雕塑，然后再组装成型。这只陶狗昂头蹲坐，两只耳朵高高竖起，双目炯炯有神，面相凶恶，似乎是在警惕周围的可疑分子。它被推测是只宠物狗。能豢养宠物，说明2000年前汉代四川地区人民的生活已十分富足。

图 3-6　陶狗
张鸳鸳摄于四川博物院

此外东汉马俑的数量也较多，汉代画像砖中也常见马的题材，这是爱马风尚的体现。马是古代重要的战略资源。它不但是冷兵器时代打仗快速进退的法宝，而且还是农耕、商旅不可缺少的运载工具。汉代马匹在巩固疆域、拓展丝绸之路方面发挥过重要作用。现藏于四川博物院的数匹东汉骏马（图 3-7）高度和长度都在 1 米左右。这些骏马气势磅礴、刚健有力，正是大汉雄风的生动体现。

图 3-7　东汉骏马
代玲拍摄于四川博物院

四川博物院藏的龟蟾鱼陶灯（图 3-8）运用了非常有趣的仿生设计。这件器物是动物的结合体，由乌龟、蟾蜍、鸳鸯鱼三种动物组成，分别代表长寿、长生和爱情，寓意非常美好。上部分是两条鸳鸯鱼，构成高举的"鱼鳍捧灯"造型，鱼鳍上面托着灯碗;中间部分是蟾蜍,眼睛又大又圆,看上去很"呆萌";最下面是只大乌龟,被蟾蜍踩在脚下。

图3-8 龟蟾鱼陶灯
代玲摄于四川博物院

此外,这件陶灯的灯盘与灯体、灯座与附件之间都采用了榫卯结构。灯盘不仅可以调整方向,而且可以随意取放,设计合理,便捷灵活。

为什么四川地区出土的汉代陶俑在审美上呈现出如此多样化的特征呢?人们猜测,当时手工艺人门槛不高,人人都可从事这个行业,因此人人都是艺术家,靠着口口相传和言传身教,可能学几遍就能上手创作。虽然四川多山且交通闭塞,但手工艺人的想象力却非常丰富,使作品散发出浑然天成的艺术美感。因此,尽管后代的作品更加精致,工艺更繁复,但缺少原始创作的冲动和对人的关注,精雕细琢的艺术品用模具批量化生产,反而难以传神。

可以说,四川汉代陶俑生动展示了当时歌舞升平的社会生活画卷,记录了当时人们的宇宙观、人生观、民间信仰、社交礼仪、生产方式、餐饮娱乐、服饰装扮等,生动而有力地彰显出汉代盛世的繁荣景象。

第二节 秦汉铜器

青铜器作为祭祀礼器的传统至秦代已发生了根本变化。汉初,在多元结构的文化背景下,青铜器艺术呈现出过渡阶段的复杂特征。西汉中期至东汉早期是汉代青铜器最发达的时期,也是汉代青铜艺术最典型的时期。此时的青铜器从神秘想象转化为现实写照,并向日用器皿方面发展,以素器最为流行,较华贵的青铜器则往往施以错金银、鎏金银、细线刻镂的工艺。官方制铜机构有少府属管的尚方令、考工令,有蜀郡、成都、广汉郡的工官,其中以蜀郡、广汉郡所制青铜器最为精美。另外,伴随着以"河东平阳"为代表的私手工业的兴盛,秦汉时期青铜器的商品化程度在西汉中晚期发展到最高峰(隋唐之前)。东汉中晚期,随着庄园经济的发展,各地兴起私工青铜器制造,却少有精美之物,青铜器较以前轻薄,错金银技术几乎消失,鎏金银仍较多,纹饰方面出现受到当时流行的神仙思想影响下的云气纹、仙禽异兽等,反映出社会思潮变化对青铜艺术题材的影响。

秦汉时期的青铜艺术度过了最后的辉煌,青铜器在工艺美术方面成就突出,以田园般的朴素和诚实的温情表现了平易含蓄的魅力,对于研究中国古代文化和艺术非常重要。

一、铜灯

据考古发现与认识,作为照明器具的青铜灯具最早出现于战国时期,《楚辞》中的"华镫错些",就是关于灯的颂咏。秦汉时期,铜灯蓬勃发展,其应用已十分普遍。目前已出土的青铜灯具基本可分为象生形铜灯和象物形铜灯两大类。

(一)象生形铜灯

象生形铜灯主要包括人俑形灯、兽鸟形灯以及连枝灯等,形式多样,设计合理,满足灯具使用功能,工艺制作精巧华贵,有些以错金银、鎏金银、细线刻镂为饰,具有相当的艺术张力和审美价值。

1. 西汉长信宫铜灯:西汉长信宫铜灯现藏于河北博物院,1968年出土于河北省满城县中山靖王刘胜之妻窦绾之墓。宫上刻有铭文"长信"字样,据此推测其为窦太后居所长信宫所使用的器物,故名为西汉长信宫铜灯。西汉长信宫铜灯属于人俑形灯。

西汉长信宫铜灯通高48厘米,整体塑造了汉代宫女跪坐执灯的形态,左手握住灯柄,右臂自然举起置于灯罩上方。宫女梳髻覆簂,长眉细眼,鼻正嘴小,表情刻画细腻;身着内衣,外罩交领右衽、宽袖紧身曳地长袍,为汉代典型的曲裾深衣。整座灯由青铜分体铸造,铸成之后通体鎏金,金光闪闪,华贵异常。西汉长信宫铜灯结构精巧、人物造型别致、比例协调,是汉代艺术品中的巅峰之作。

整座灯由头部、躯干、右臂、灯座、灯盘和灯罩六个部分组成,各部均可拆卸。宫女右臂与灯罩上方的烟道相通,形成烟管。西汉长信宫铜灯为单管型釭灯,灯火燃烧而产生的烟,直接由烟管进入灯具中空内部,从而避免灯火燃烟熏黑室内,同时,弧状导烟管帮助加强空气对流,促使燃烧更充分,以增大发光强度。灯罩由两片弧形屏板合成,置于有槽的灯盘上,可以开合,犹如门扉,以调节光的亮度和照射方向,同时也起到挡风的作用。灯盘有一方穿柄,座似豆形,灯盘中心有一竖针形灯扦,可插蜡烛。

2. 铜雁鱼灯:现藏于江西省博物馆的两件铜雁鱼灯,2015年出土于江西省南昌市海昏侯汉墓,属于兽鸟形灯。

两盏铜雁鱼灯呈大雁回首衔鱼状。大雁体态肥硕,眼稍显细长,颈部修长,两侧用简洁、程式化的线条勾画出一对羽翼,尾部短而微翘,并立的双足厚实有力,脚掌部位有作为支撑的蹼,整体定格了大雁回首衔鱼这一动态的瞬间,憨态可掬,饶有趣味。

铜雁鱼灯由雁首颈（连鱼）、雁体、雁足、灯盘和灯罩五部分组成。雁颈与雁体采用子母口相连，灯盘与雁背榫接，雁足分铸之后与雁体焊接。鱼腹的下方为灯的主体部分，包括灯盘和灯罩。灯盘位于雁背上方，盘径 10 厘米，一侧有略微弯曲的长柄，可以转动。灯盘的内沿有凹槽，嵌插两片略大于半圆的弧形板为灯罩，可自由开合。灯盘与灯罩的转动开合既可以挡风，又能调节光照。大雁颈部和腹部中空相连，内部注水后可以溶解、沉淀烟尘，净化空气，防止油烟对室内空气的污染。

此外，鱼和雁是古人传递爱情的信物，所以有"鸿雁传情"之说。铜雁鱼灯采用鱼和雁的造型，充分表达出人们对美好爱情的衷心祝愿。因此，这两盏铜雁鱼灯不仅体现了西汉工匠的高超智慧，还表现出人们对幸福生活的向往。

3. 汉代多枝灯：出土于河北平山中山王墓的战国时期十五连枝灯是目前可见最早的多枝灯。秦代的多枝形灯具虽然尚未发现，但是西汉刘歆《西京杂记》卷三《咸阳宫异物》中有关于秦朝多枝形灯具的描述："其尤惊异者，有青玉五枝灯，高七尺五寸。作蟠螭，以口衔灯，灯燃，鳞甲皆动，焕炳若列星而盈室焉。"两汉是多枝形灯具发展的繁盛时期，类型多样。

西汉时期的器物设计多以地面为中心，席地而坐的起居生活方式影响着当时灯具的设计。多枝灯层层灯枝引出灯盘，点燃时能随意调节灯的照明高度和亮度，不仅可以满足不同高度的家具照明需求，而且符合当时人们对灯具实用功能的要求。多枝灯材料贵重，有的灯盏有挡风树叶形饰件，具有实用性。在大、中型贵族墓中与其他随葬器物组合，表明其具有为宴饮与乐舞表演、庖厨以及祭祀照明的功能。

多枝灯结构复杂，装饰内容丰富并追求形式美。以灯座的设计为例，多数灯座为喇叭形，下大上小的结构增强了其稳固性。而在满足了相关使用功能后，为增加装饰，器表尽可能采用弧面构造或者运用各种圆雕、高浮雕，通过展现各种生活、神仙题材，充分运用表面空间，实现器物的诸多变化。

（1）扶桑树形铜灯：1976 年广西贵县罗泊湾 1 号西汉墓出土的扶桑树形铜灯的主干为圆柱形，通高 85 厘米，下端做成宝瓶状，底座为覆盆形，底径 20 厘米。灯柱主干上分 3 层向外伸出共 9 根枝干，每枝的顶端托置一盏桑叶形的灯盏，最顶端置一鸟形灯盏。

（2）十三盏铜连枝灯：1969 年甘肃武威雷台汉墓出土的十三盏铜连枝灯十分精美。高 146 厘米，宽 66 厘米，灯呈树形，主干分为 3 段，灯干为圆壁形和镂空人形图案叶片，上下 3 段依次套插而成，段与段衔接处各置一十字形架托，犹如灯树之分枝。十字形架托横向四出，各立插透雕鸾凤缠枝纹叶片。每只叶片末端撑起一个小灯盏，盏边沿插饰叶形火焰。主干最顶端为一大立环，环上饰镂雕骑鹿仙人，仙人高举双臂，擎托最大的一盏灯。

（二）象物形铜灯

象物形铜灯是取形于日用器皿或有所演化的青铜灯具，更加注重简朴实用。

1. 豆形灯：主要从日常生活实用具"豆"演变而来，在两汉人们的生活中甚为普遍，官僚贵族和平民百姓都使用。豆形灯的上部为灯盘，用以盛放燃料，灯盘正中常有一枚钉形的烛扦，其上一般插麻秸。灯柱较高的豆形灯称为"立灯"，灯柱较矮的则称为"短灯"。豆形灯尽管大多造型简单，但线条流畅，收放有致，颇具艺术性。

（1）西汉椒林明堂豆形铜灯：河北满城陵山 1 号汉墓出土，现藏于河北博物院。器物通高 18.0 厘米，灯盘口径 12.3 厘米。灯盘为敞口、直壁、平底，束腰接葫芦形柄，柄与喇叭形底座一体铸造，下接直壁圈足。器壁细腻，可能采用了抛光工艺。灯盘上刻铭文 22 字，详细地记载了器物的高度和重量，具有很高的文化价值。

（2）汉铜灯：现藏于南京博物院。该灯通高 12.6 厘米，灯盘口径 9.3 厘米，足径 10.8 厘米。灯盘为敞口、直壁、浅盘，灯柄上部鼓起，中间有 3 道凸弦纹，便于握持，底部延展呈喇叭状，接直沿矮圈足。该器较之上一件铜灯，可以明显看出工艺不同。

2. 行灯：亦称拈灯，是一种可以提拿行走的灯具。这类灯形式较多，有的有底座和立柱，有的则没有。没有底座和立柱的行灯，仅在灯盘下设 3 个矮足，在灯盘一侧设长柄，以供提拿，可用于夜间行走时照明。

（1）汉三足龙形柄铜灯（图 3-9）：现藏于成都市新都区文物管理所。该灯整体造型为敞口、直壁、浅盘、平底，中部有一扦，下附三足，旁出一龙头形鋬，由龙首、龙躯、灯盘和灯足四部分组成，龙首、龙躯为整体铸造的龙头形鋬。该灯龙头雕刻朴素但仍具神态，龙头下部的肉瘤凸起，正好可做手挡，体现了古代匠人的精巧设计。

图 3-9　汉三足龙形柄铜灯
成都市新都区文物管理所藏

（2）铜行灯（图 3-10）：1982 年出土于东洞山 2 号西汉楚王后墓。器物通高 9.3 厘米，口径 11.7 厘米。灯盘为敞口、直壁、平底，平底上有锥形钉，盘壁附三兽形足，一侧外附弯曲叶形柄，柄背面刻有"赵姬家"三字。

·中国传统器物·

图 3-10　铜行灯
徐州博物馆藏

3. 卮灯：取象于商周时期的酒器——卮，故称卮灯。一般豆形灯、行灯的灯盘较浅，可容纳的油量较少。而卮灯的灯身为圆筒状，可储存更多的灯油。卮灯的筒盖向上翻转即为灯盘，灯盘中燃剩的油也可方便地倒回筒内储存。这类灯简洁实用。

如徐州博物馆藏西汉豆、卮组合铜灯，器通高 17.8 厘米，直径 8.0 厘米。上部由两个灯盘组成，中间为灯筒，下部两片铁圆盘可以开合，承接储存燃料。最上部灯盘采用插销工艺，通过左右旋转展开灯盘，下层灯盘采用活铰连接，通过上下旋转打开灯盘。该器运用多种连接工艺使器型能够折叠，缩小了占用空间，更加便于携带，体现了汉代工艺的发达。

二、铜炉

铜炉在秦汉时期是一种具有特色的铜器，按照不同用途主要分为熏炉、温酒炉等。

（一）熏炉

熏炉是古代的燃香之器，它最迟在战国时期就已经出现，在汉代流行。考古发现有大量汉代铜质熏炉，这些熏炉是一种实用器，燃烧香草或香料，以满足人们向神明祈祷、驱虫避害、净化空气的需求。青铜铸造而成的熏炉往往类型丰富，工艺精致，装饰风格独特，主要流行于上层社会，是身份地位的象征。熏炉通常由炉足（或称炉座）、炉身、炉盖三部分组成。炉座主要防止烧热的炉体与底部接触，便于放置。也有的炉座制作承盘，用以盛水润气，亦可保持清洁。炉身用于焚香，当时多为直接熏焚，炉身一般较大。炉盖主要为防止火焰和烟灰外窜。炉盖和炉身多带有孔洞，使空气进入后助燃并利于香气散发。

根据形制的差异，熏炉基本可分为盖豆形熏炉、博山形熏炉、鼎形熏炉、行炉形熏炉、鸟形熏炉五种类型。其中博山形熏炉亦称博山炉，出现于西汉中期，是在春秋战国以来持续发展的熏香文化的背景之下兴起的，与当时社会普遍流行的信仰联系密切。

1. 盖豆形熏炉：河北满城汉墓的鎏金铜熏炉以青铜铸造，通体鎏金，形制略作带盖豆形，子母口。弧面形盖顶部有带柿蒂纹座的环纽一个，纽周围透雕首尾相接的螭龙三条。炉身鼓腹，上饰宽带凸弦纹一周，两侧各有一铺首衔环。炉座平底束腰，束腰中部饰一周宽带凸弦纹。

2. 博山形熏炉：河北满城汉墓出土的西汉错金博山炉，炉身似豆形，通体用金丝和金片错出舒展的云气纹。炉盘上部和炉盖铸出高低起伏的山峦。炉盖上因山势镂空，雕塑出生动的山间景色。座把透雕成三龙出水状，以龙头擎托炉盘，是一件举世闻名的珍宝。一说博山炉之"博"主要意喻极目远观之博望、泰山和博弈，而此三者均与仙人、仙山或仙家世界相联系，是汉代"登天""致仙"或"成仙"的象征。

3. 鼎形熏炉：河北满城陵山1号汉墓出土的西汉鼎形熏炉（图3—11），现藏于河北博物院。器物通高28.5厘米，鼎口径26.0厘米，承盘径30.0厘米。该炉取形于鼎，更具古意。炉盖上鼓，中有环纽，盖身镂有12个圆形孔，呈两环形均匀分布，使烟通过孔洞升起。炉身有一圈凸弦纹，纹上部对称分布4个环纽，下接3个立兽踩鸟状的高足置于承盘上。炉为大平底，底座镂空，使香灰落于承盘之上，镂空亦可使空气流通推动香的燃烧，承盘一侧做流状缺口便于清理香灰。承盘与炉身一体，通过孔洞将烟、香、灰的通路连贯起来，体现了科学的熏炉制造工艺。

图3—11　西汉鼎形熏炉

河北博物院藏

4. 行炉形熏炉：汉铜熏炉，出土于内蒙古托克托县，炉盖拱起呈半球体，盖饰以镂空的植物纹样，炉身为半球体，在外壁接3只兽形足，炉身侧出一叶形曲柄，熏炉体积小巧，加上手柄，便于行走时持拿。

5. 鸭形熏炉：出土于山西朔县西汉晚期墓葬的鸭形熏炉（图3-12），通高15.8厘米，长18.6厘米，炉盖、炉身组成鸭形，下附一承盘，炉体为昂首挺脖站立的鸭子形象，鸭背即为可合的炉盖，以镂空的卷云纹装饰，既起到通风防火的作用，又使鸭形更具有美感。该鸭形熏炉雕刻精美，趣味灵动，体现了当时人们对美好生活的追求。

图3-12 鸭形熏炉
山西博物院藏

（二）温酒炉

温酒炉是古代温酒器具。从功能上讲，古时的温酒炉设计十分合理，其构造一般上部为耳杯，用作盛器，盛酒时使用，下面是炭炉，将燃烧的炭火放在炉内，即可给酒加温。温酒炉可以上下分开，也能够组合使用，十分方便。

1. 修武府温酒炉：早在秦代，智慧的古人就开始使用温酒炉。咸阳博物院所藏秦代修武府温酒炉上部是一个耳杯，下部为炉，形如古盘，有四个小蹄足。有耳杯的温酒炉，目前所见以此为最早。

2. 四神温酒炉：四神温酒炉又被部分学者称为四神染炉（图3-13），出土于山西省朔州市，器体由耳杯和炉体组成。出土于山西浑源毕村汉墓，器体由耳杯和炭炉组成。耳杯置于炉上，为椭圆形口、曲腹、平底，两侧有折沿作为手执之用。炉身上部为椭圆形，四壁雕镂青龙、白虎、朱雀、玄武四神像；下部呈长方形，四壁镂空，一侧附曲形柄，柄端呈叶状。炉下附四小人形足，呈反半蹲、手共抬炉体的姿势。

图 3-13 西汉四神染炉
山西博物院藏

三、铜镜

铜镜以铜、锡、铅等金属成分铸造。铜镜产生于何时，目前无定论。在古代，人们常常把镜子的发明归于"三皇"中的黄帝。《轩辕黄帝传》中记载："帝因铸镜以像之，为十五面神镜，宝镜也。"《述异记》中也记载："饶州俗传，轩辕氏铸镜于湖边，今有轩辕磨镜石，石上常洁，不生蔓草。"这些记载可以作为考察铜镜的文化线索。

铜镜是古人的日常生活用品，同时也是精美的工艺品，既可以照容取光，也可作为礼器或宗教法器。它有着长达 4000 多年的历史。铜镜多为圆形，可以映容的一面称为镜面，另一面称为镜背。镜背设钮以便穿系于镜台、镜架上，并铸有纹饰、铭文。镜背一般分几个区域，镜钮位于中心，其周围的区域称钮座，有方钮座、圆钮座、柿蒂钮座等。纹饰和铭文部分通常划分为内外两个区域。镜缘是镜背最外围凸起的区域。学习铜镜有关知识，既要了解它在类型、形制、纹饰、铭文等方面的发展演变特征，也要了解其所反映的社会政治、经济、观念、风俗、信仰等诸多内容。

迄今为止，我国发现最早的铜镜为齐家文化铜镜，包括素镜与几何纹镜。商代出现了植物纹铜镜，至西周晚期，铜镜打破了以几何纹和植物纹为主的传统风格，出现了动物纹（如鸟兽纹镜）。早期铜镜形式简单、数量较少。春秋战国时期，随着生产力的发展，铜镜的使用趋于普遍，铜镜铸造有了突飞猛进的发展，不论是数量还是工艺都大大超过从前，形成青铜铸造业中一个独立的体系。汉代是我国铜镜发展的重要时期，目前出土的这一时期的铜镜不仅数量庞大、形式多样，而且纹饰繁多。西汉初期至汉武帝时期，铜镜逐渐厚重，出现四分法布局形式，纹饰朴素，改变了战国时期严谨细密的风格。西汉晚期至东汉中期，规矩纹镜成为其时精美的铜镜类型，纹饰以四神为主，还出现动物、禽鸟、羽人等。东汉时，南方地区出现了反映神仙人物故事的画像镜和神兽镜。

（一）动植物纹镜

动物纹镜主要包括龙虎镜、禽兽纹镜。其中龙虎镜包括：①龙虎对峙镜，大钮，一龙一虎夹钮左右，张口对峙；②盘龙镜，圆钮，主题纹饰为高浮雕盘龙，龙身高低不一，张口曲绕。禽兽纹镜包括：①四乳禽兽纹镜，镜背四乳间，有的配以禽鸟，有的配以走兽；②多乳四神禽兽纹镜，圆钮，钮座外一般环绕几个小乳，内区以七乳居多，其间配以四神、羽人及禽兽纹；③多乳禽兽纹镜，圆乳间配以各种禽兽、羽人。

植物纹镜主要包括草叶纹镜、变形四叶纹镜。其中草叶纹镜包括：①四乳草叶纹镜，大方格四角各向外伸出一组双瓣叶，将方格与边缘间分成四区。各区分别以一乳为中心，每乳左右各有一对称连叠草叶纹，四区共有四乳八组草叶纹；②四乳花瓣草叶纹镜，分区布局格式与四乳草叶纹镜相同，只是在每个乳钉外环绕四个三角形叶瓣。变形四叶纹镜，圆钮或者兽钮，圆钮座，此类铜镜的共同特征是座外有四个蝙蝠形叶，向外呈放射状。

（二）规矩纹镜、星云纹镜

规矩纹镜的主要特征是在镜背纹饰中有规矩蟠螭纹、规矩纹等。规矩纹镜可根据其纹饰特点分为四神规矩镜、鸟兽纹规矩镜、几何纹规矩镜、简化规矩镜。汉博局铜镜：现藏于成都市新都区文物管理所，为长形钮，位于博局纹的框架之中，在框架外四角分别有一乳钉，博局纹内应为鸟兽纹样，外饰一圈齿纹带。星云纹镜：圆钮座，钮座外多为内向十六连弧纹，其外为星云纹带。出土于重庆临江支路西汉墓的星云纹镜，为连山钮，圆钮座，座外饰内向十六连弧纹，弧纹外大小乳若干，并以云气纹相连组成星云纹带，带外套齿纹带，最外为内向十六连弧纹。现藏于成都博物馆的一枚汉连弧纹铜镜，为连山钮，圆钮座，座外饰内向十六连弧纹，纹外两圈齿纹带，两带间星云带，有大乳4枚，并外套圆环。小乳20枚，以线相接，组成星云带。最外为内向十六连弧纹。

（三）铭文镜

铭文镜主要包括连弧纹铭文镜、重圈铭文镜。第一类连弧纹铭文镜的特征是钮座外内区纹饰为连弧纹，外区为铭文带，共同构成主题纹饰；第二类连弧纹铭文镜的特征是钮座外的连弧纹成为镜背的主题纹饰。重圈铭文镜，圆钮，十二并蒂连珠纹钮座或圆座，多素宽平缘，钮座外有一圈或两圈等高宽弦纹。铭文镜上的铭文对研究其所处朝代的文化、信仰具有重要的意义。

如南京博物院藏一枚汉而字铭文铜镜，镜直径8.75厘米，厚0.30厘米，圆钮座，钮座外依次是齿纹带、铭文带、齿纹带。镜最外环为素面，整体风格朴素，只运用两圈齿纹带作为装饰，有利于铭文的识别。

（四）神仙灵兽镜

此类铜镜主要包括蟠螭纹镜、神兽镜、神仙画像镜等。蟠螭纹镜，弦钮或兽钮，蟠螭纹钮座或素圆钮座，纹饰主要由主纹和地纹组成，主纹多为3~4个蟠螭纹，地纹一般为云雷纹。神兽镜背面纹饰用精巧的高浮雕手法，表现几组对称排列的神人、神兽、龙虎纹饰。这种高浮雕手法不同于一般浅浮雕的线条构图，富有立体感。神仙画像镜也是以浮雕手法表现其纹饰，这类铜镜的装饰题材多选用历史人物、骑马、歌舞等。其与神兽镜相比，纹饰略扁平，立体感也稍逊，但是主题纹饰富于变化，以生动的绘画手法令神仙姿态生动鲜活，具有很高的艺术价值。

汉神兽纹铜镜（图3-14）现藏于成都市新都区文物管理所，镜圆钮，圆钮座，镜分两层，凹进一层有一圈齿纹，外饰一圈神兽纹样，外接一圈方钮纹饰，以三角齿纹带区分层次，上层为一圈神兽纹，最外环类似简化的蝙蝠纹样。该镜纹饰繁复，刻画精美，体现了汉代的艺术风貌。

图3-14　汉神兽纹铜镜
成都市新都区文物管理所藏

四、铜壶

秦汉时期的铜壶主要有圆壶、提梁壶、扁壶、蒜头壶，其造型特征有一个演变过程：圆壶从侈口变盘口，鼓腹变扁，颈变长；扁壶的颈由短变长，腹也变扁变窄，圈足变高；提梁壶束颈，圆鼓腹，圈足变长，并向外撇；蒜头壶多为细长颈，圆鼓腹，矮圈足。秦代铜壶较先秦时期更具实用性，静穆大气。西汉铜壶具有古朴大气、灵便精巧的时代特色。东汉铜壶造型风格趋向统一和规范，除了简洁实用的造型，其更显清新大气。

（一）圆壶

秦汉时期的圆壶依然继承战国前的形制，但是被赋予新的时代风格。先秦时期作为礼器使用的圆壶，其造型和装饰相对夸张和奢华。而秦汉时期，圆壶作为日用饮具，造型更简单实用。

1. 西汉铜壶（图3-15）：南京博物院藏，高36厘米，腹径20厘米，底径14厘米。弧形盖，盖上附对称分布的四只云形钮，钮中有孔，既可作装饰，亦便于提拿携带，束颈、鼓腹、圈足，腹上部对称饰两铺首，器身剥落严重，未发现纹饰，应为通体素面。

图 3-15 西汉铜壶
南京博物院藏

2. 西汉鸟篆文铜壶（图 3-16）。河北满城陵山 1 号汉墓出土的鸟篆文铜壶，通高 44.2 厘米，口径 15.5 厘米，盘口、束颈、鼓腹、圈足。盖饰三云形钮，颈部与腹部呈现出流畅的"S"形，腹部两侧有对称铺首衔环各一，器周身用纤细的金、银丝镶嵌出鸟篆文字和动物纹带。鸟篆文是篆书的变体，以鸟虫之形组字，似书似画，灵动绚丽。

图 3-16 西汉鸟篆文铜壶
河北博物院藏

(二)提梁壶

秦汉时期提梁壶与圆壶的用途基本相同,都是用于盛水或盛酒。相对于圆壶来说,提梁壶在壶身肩部设计上增加了提梁,便于人们外出携带。

1. 汉青铜提梁壶(图3-17):长颈,壶盖中心有一钮,中穿提环,盖两侧附有圆环,作连接之用,最后与弧形提梁相接。束长颈,扁圆鼓腹,肩部有两个圆形提钮,腹部有五道凸弦纹,高圈足,呈喇叭状。虽然整个器型较高,但是由于底部较大,其造型在视觉上依然有安定稳重感。

图 3-17 汉青铜提梁壶
美国弗利尔美术馆藏

2. 西汉鎏金银蟠龙纹铜壶:河北满城陵山1号汉墓出土,通高59.5厘米,口径20.2厘米,腹径37.0厘米。盖凸起,上有三个鎏银的云形钮,口部饰卷云纹,颈部饰金银相间的三角纹,腹部饰鎏金蟠龙纹,其间饰以卷云纹,圈足饰鎏银卷云纹。该器物整体施以鎏金银工艺,精美华贵,具有极高的艺术价值。

(三)扁壶

秦汉时期扁壶有大有小,壶身高度通常是10~30厘米不等。在秦汉时期,扁壶形制较大的,一般用于贮酒;形制较小的扁壶既可以盛酒,又可直接用作饮器。

1. 铜扁壶:徐州狮子山西汉楚王墓出土,现藏于徐州博物馆。器通高33.6厘米,宽42.7厘米,盘口,鸭嘴形导流沿,扁圆腹,圈足微外展,腹上部附对称环耳,腹一侧有一环形钮,便于携带。整个器型不做雕饰,呈素面状态。该扁壶不属于当时的主流器型,具有外来艺术风格。

2. 奔马纹小壶:北京故宫博物院藏汉代奔马纹小壶,为汉代的器型,高9.6厘米,口径4.0厘米,无盖,圆直口,口沿刻画有齿形纹,短束颈,肩部饰有一对半圆形耳环,扁腹,腹上部为一匹腾跃的花斑奔马,下为水纹与齿形纹,腹主体为鱼鳞纹饰,腹下部饰菱形网格纹,高圈足并内饰齿形纹。

（四）蒜头壶

蒜头壶为典型的秦式铜器,在秦代比较流行,其造型特征：蒜头状口、细颈、扁圆腹、圈足。汉代出土的蒜头壶多见于西汉早期,其使用并不普及,从造型来看,腹部比较丰满,蒜头呈扁圆形。

1. 秦铜蒜头壶：湖北云梦睡虎地出土,圆口高出蒜瓣,蒜瓣凸起饱满,长颈,颈上有一道凸箍,圆腹。以蒜头装饰壶口,体现了人民对美好生活的朴素向往。

2. 重十六斤蒜头壶（图3-18）：重十六斤蒜头壶又叫李瘁壶,现藏于北京故宫博物院,属于汉代时期的蒜头壶,其蒜头状口瓣较平滑,束颈相对于秦代短而粗,颈部上装饰有三道凸弦纹,稍折肩,扁腹,矮圈足。

图3-18 重十六斤蒜头壶
北京故宫博物院藏

五、其他铜器

（一）铜奁

奁,圆形体深,多层,有盖,盖上有活环便于提启,并有动物装饰。圆腹旁有两个铺首活环耳,少数有三个铺首衔环。下有三足兽。漆奁是盛化妆品的。铜奁又称酒樽,仿自漆奁,是盛酒和温酒的器皿。山西右玉曾出土一件铜奁,高24.5厘米,腹部饰两带动物纹,有虎、豹、熊、狐、猴、鹿、兔、羊、骆驼、龙、凤、鸟等,有的站立,有的张望,有的奔跑,有的缓步,用浅浮雕刻画出多种动态形象,是一件杰出的作品。

西汉提梁铜奁现藏于徐州博物馆。弧形盖,盖中有一提钮,折口沿,套于奁身。奁身中部及底部各有一道凸弦纹。奁身上部两侧附有圆形提钮,通过铁链条接上"U"形提梁。奁身下接三兽形足。整体为素面，造型简洁大方。

（二）铜洗

铜洗为汉代盥洗用具，也有说是盛污水的。洗有深有浅，有平底也有圜底，口沿较宽。洗内底多有凸起的鱼纹装饰，有一鱼、双鱼、一鱼一鹭等。鱼的形象简练，而鱼鳞的表现方法很多，有菱格形、"V"形、"A"形，也有用点表现的。洗多有铭文，有"长宜子孙""富贵昌宜侯王""大吉羊（祥）"等吉祥语。

西汉双鱼纹铜洗（图3-19）现藏于成都市郫都区博物馆，圆形、敞口、圆唇、折沿、鼓腹、平底。洗壁两侧有多重环形线条纹饰，从断开处纹理看应有一对铺首。内底饰双鱼纹，采用浅浮雕工艺。以点表达鱼鳞，以线塑造鱼形。

图3-19 西汉双鱼纹铜洗
成都市郫都区博物馆藏

（三）铜鼓

铜鼓是我国古代西南地区少数民族制作的一种具有特殊社会意义的青铜制品，自春秋战国到明清均有制作，以汉代制作最为精美，式样最多。铜鼓最早为打击乐器，以后又渐渐演化为权力的象征。铜鼓根据流行区域可分为滇系铜鼓和粤系铜鼓。滇系铜鼓体型较小，花纹大都用单弦分晕，晕圈构成大小宽窄的变化；粤系铜鼓体型高大，制作精美，鼓面多有立体的青蛙作装饰，即所谓"四角有小蟾蜍"。铜鼓的装饰纹样主要有太阳纹、蛙纹、鹭鸟纹、竞渡纹。

东汉四耳蹲蛙青铜鼓，现藏于成都武侯祠博物馆，通高38.5厘米，鼓面径64.0厘米，底径66.0厘米，采用青铜模制与焊接工艺。此面铜鼓属于灵山型，整体为覆釜状，鼓面中心饰太阳纹，有八芒十二晕，每晕内饰钱币纹、团花纹及变形羽人纹等。鼓面边沿一周等距排有六只青蛙，其中三只为累蹲蛙，背上各附一只小青蛙。鼓面边缘向鼓身外支出一小部分，更显峻峭之势。鼓身上部鼓突，中部收缩，下部呈喇叭状。在鼓身上部附对称的两组双耳，耳中穿有铁链相连。鼓身饰十八道复线凸弦纹，复线凸弦纹之间饰云纹、雷纹、钱币纹及花纹等。在鼓身下部饰有对称的鸟像。

第三节　秦汉漆器

中国是世界上最早认识漆、使用漆并用漆制作器物的国家。漆器是中华文化宝库中的一颗璀璨明珠，具有极高的艺术价值。《韩非子集释》有记"觞酌有采，而樽俎有饰""食器雕琢，觞酌刻镂"，说明从远古时期，漆器作为日常用具就已经成为人们生活和社会文化的重要组成部分。

在远古时期，中国大部分地方有着湿润宜人的气候，大地被茂密的植被所覆盖，这就为漆树的生长提供了天然的条件。天然大漆（即生漆）是从漆树上割下来的液体，"百里千刀一斤漆"，足以说明漆的产量之低与漆之珍贵。漆不仅防潮，能够保护器物本身，而且具有瑰丽深邃、温润尔雅的光泽。漆液干后有硬度、耐打磨，根据打磨的程度，其色层呈现明暗的变化，产生独特的大漆朦胧之美。漆器既有材料本身唤起的美感，也有人工雕琢之美。大漆的采集见图3-20。

图3-20　大漆的采集

索超摄于竹溪县

大漆是从漆树皮层采集的汁液，纯天然，无毒无公害。漆树对气候要求高，稀少珍贵，需要较多的水分和热量。开割树龄为8~10年，采集方式为人工开割，难度大，需专业漆农采割。漆树的横切面见图3-21。

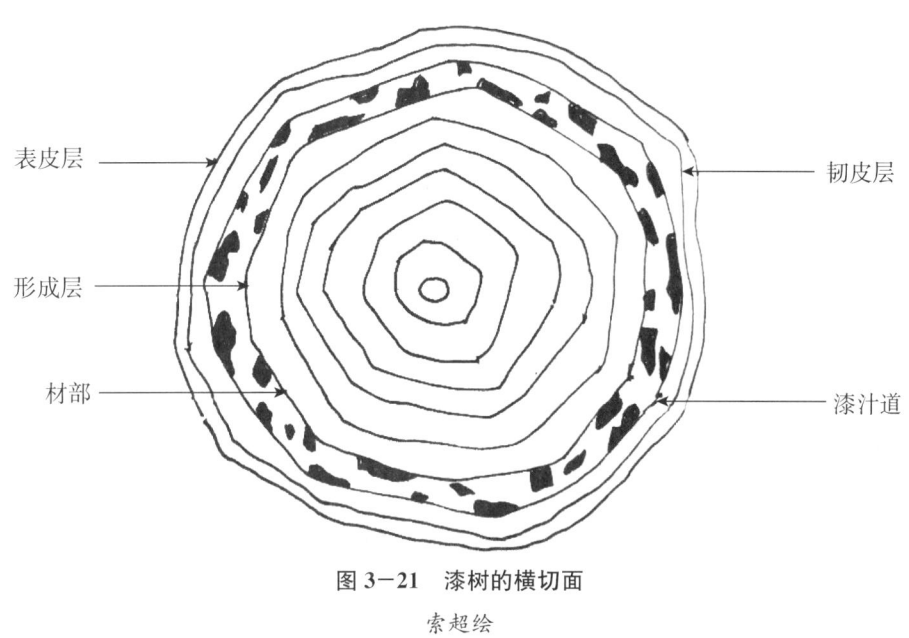

图3-21　漆树的横切面
索超绘

一、秦汉漆器的造型

《盐铁论》是西汉桓宽根据著名的"盐铁会议"记录、整理的重要史书。《盐铁论》曾提到，漆器是当时人们的"养生送终之具"，人们不仅生前大量使用漆器，死后还要用漆器陪葬。这说明了漆器在当时已被广泛使用。

秦汉时期是中国漆器发展的重要时期，漆器产量增多，类型丰富，分布广泛，各种技法和工艺日臻成熟。漆器制作工艺精良，用于装饰的图案和色彩搭配也较为考究，无论是在实用价值还是观赏价值上，战国、秦汉的漆器都达到了相当高的水平。后世髹饰的众多技法都于汉代开启先河。漆器的胎质种类也逐渐多元化，有木、麻布、竹、陶、铜、象牙等，制作工序严密谨慎。西汉已出现千亩左右的大规模漆园林，全国各地的市场都有"木器髹者千枚"。

秦汉漆器美观大方，依用途与器类进行巧妙的艺术加工，造型丰富，赋予巧思，精密与实用性相结合，品种和造型多样化，大件器物有漆鼎、漆屏风，其他品种有耳环、漆盘、漆盒等。

彩绘凤形漆勺，高度为13.3厘米，长度为14.8厘米，宽度为10.6厘米，从器物造型分析来看，此器将使用的木胎漆勺与神奇的凤鸟造型合二为一，以勺体为凤体，以勺柄为凤鸟的长颈，以柄首为凤首。在勺体与勺柄的对称部位雕刻出凤尾。勺体内红外黑，凤颈与凤尾都施红彩与褐彩，绘出凤的目耳、鼻口和凤体羽毛，此勺也是前所未有的新品种。彩绘凤形漆勺见图3-22。

图3—22 彩绘凤形漆勺
湖北省博物馆藏

彩绘漆龙鸟纹圆盘，高6厘米，口径26厘米，底径11厘米。此盘出土于荆州江陵高台28号墓。盘斫木胎，敞口，平底，外髹黑漆，内髹红漆。内底正中由三周黑色细线组成三个同心圆，圆中心绘小鸟，环绕同心圆的四周绘四条抽象的龙纹，并在龙纹内绘两只站立的小鸟。龙的形态均为曲线形，体弯曲，首尾内卷，首尾及龙爪部位均饰涡状云纹。群龙似蟠非蟠，似绕非绕，均作升腾滚动状。三鸟均为黑色轮廓，内圈中央的一只作站立状，昂首曲颈，长腿短尾，神态悠闲，另外两只遥遥相望，一作鸣叫状，一作行走状。盘沿面朱绘涡纹夹短线的装饰带，外壁无纹。全器色泽鲜艳，花纹绚丽，极其美观。漆器上抽象的龙纹和凤鸟纹在西汉虽仍存在，但其形态和表现手法已趋于简化，变得规范。此盘所绘抽象云龙，龙体卷曲，形象洗练夸张，是极为抽象的写意之作；凤鸟工笔细绘，生动逼真，是仿生的写实之作。整幅画面龙舞凤鸣，相辅相成，和谐美观，极具西汉漆器的装饰风格和特点。

二、秦汉漆器的纹样

秦汉漆器的装饰设计有彩绘、针刻、金银扣等。装饰纹样题材广泛，沿袭青铜传统纹样，常见几何纹等。其中典型的作品有彩绘云纹耳杯、彩绘木雕坐屏、彩绘漆案等，这些器物主要用于观赏。秦汉漆器纹样见图3—23。

彩绘凤鱼纹漆盂（图3—24），出土于湖北云梦睡虎地秦墓。黑色与红色形成鲜明的对比，构图方法是非常生动灵活的，它将装饰和实用功能有机地结合起来。例如圆盒、圆奁、椭圆奁的盖面及耳杯和盂的内底中心，多采用独立纹样配合边缘纹样构成一个整体，它的内外口沿，多应用带形连续纹样加以装饰。线条造型复杂，通过线条的长短粗细、刚柔强弱、轻重缓疾、浓淡干湿、转折顿挫，表现出各种物象与纹饰的形体与质感。我国绘画一贯注重用线，"六法"中"骨法用笔"位于前列，即因线条是造型的主要手段。

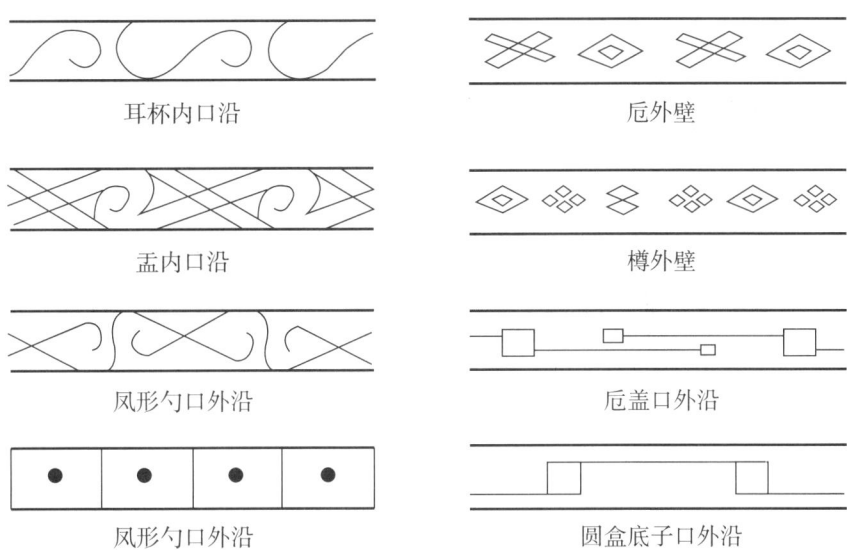

图 3-23　秦汉漆器纹样

图 3-24　彩绘凤鱼纹漆盂

湖北省博物馆藏

三、秦汉漆器的工艺

髹饰技法在漆艺中非常重要。战国、秦汉时期的漆艺中已经出现了描绘、雕花、针刻和银扣等装饰手法，这使得描金绘银、雕刻图案、刻画纹样及装扣银片等成为可能。当时漆艺不仅分工更加精细，其本身也逐渐成为一门独立的手工技艺。贵族阶级对奢华生活的追求为漆艺的进步提供了动力。为了迎合帝王君主的喜好，漆工夜以继日钻研技艺，美化漆器，工艺技法得到了极大提升。

秦汉漆器在制作过程（图3-25）中实行"物勒工名"制，意思是指器物的制造者要把自己的名字刻在上面。在制胎造型、裱布刮灰、髹漆、打磨、色彩与装饰等环节严格把控，使精湛的技艺达到最佳的效果。

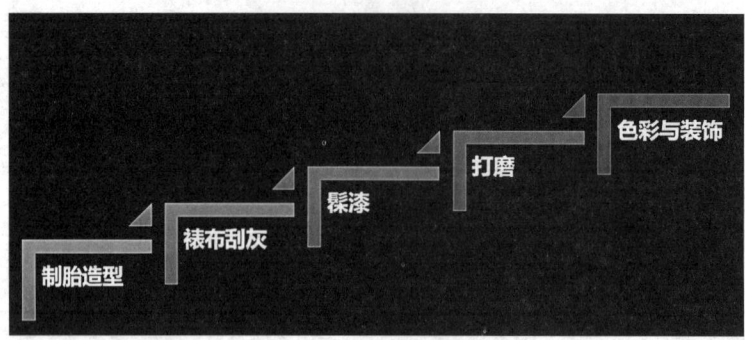

图 3-25 秦汉漆器制作过程

第四章 隋唐金银器、铜器、漆器、陶瓷

第一节 隋唐金银器

金银器有广义和狭义之分。广义的金银器泛指用金银制成的一切物品，狭义的金银器是指用金银制作的器皿与饰物。在中国传统器物的学习和研究中，我们倾向于狭义的界定，更多关注的是金银酒食器与饰物。

我国使用金银器的历史悠久，古时把金、银、铜并列为金属三品，也称"三金"。《禹贡》有所谓"唯金三品"的记载。金银是富丽豪华的奢侈品。根据考古出土文物可以判定，我国早在商周时就已经出现了简单的金器。早期的器物均为小型的装饰品或人身上的配饰，或是其他器物上的附属饰件。

春秋时期的工匠已经能制出具有一定工艺水平的金器。战国时出现了错金器，制金技术有了进一步提高。同时，制银工艺也发展起来，除与金丝合作为错金银外，还有单纯用金、银制作的器皿和工艺品。

汉代金银工艺进一步发展，人们把银称为"白金"。当时人们使用金银器，除了满足奢侈生活的需要，还认为使用金银器具有延年益寿的作用。司马迁在《史记·孝武本纪》中写道："祠灶则致物，致物而丹沙可化为黄金，黄金成以为饮食器则益寿，益寿而海中蓬莱仙者可见，见之以封禅则不死。"金银在表征所有者的财富、地位之外，还与延年益寿、寻仙问道等永生信仰产生了密切关联。这也意味着，在物质财富极为丰富的太平盛世，金银器势必会因人们笃信其延年益寿的功用而受到追捧与推崇。

一、隋唐金银器盛行的原因

隋唐时，社会物质财富急剧增长，金银矿料来源不断增加。据文献记载，唐宣宗时"天下岁银二万五千两"。充足的原料为金银器物的大量制作提供了物质保障。唐王朝贵族的物质与精神生活需求，是刺激金银器生产的直接动力。在唐代，金银器主要作为皇室的贡品，还有一部分则作为豪华的奢侈品出售。当时的都城长安有许多专门经营金银的商店，称为金银铺、金银行、金肆、交引铺等。南方的扬州是金银贸易的中心。此时，金银器不仅是皇室、贵族日常生活中重要的器用和装饰，还在政治生活领域发挥着重要的作用，充当国家对外交流的媒介。

隋唐时期，中外文化交流频繁，中西贸易繁荣，在中国货物大量流向西方的同时，

包括金银器在内的西方物品也大量流入中国。西方流行的高足杯、带把杯、长杯，以及这些器物的装饰纹样（忍冬纹、缠枝纹、葡萄纹等），以异样的造型和图案风格使中国人耳目一新，西方盛行的锤揲技艺此时也为唐代工匠全面掌握。盛唐及更早时期输入中国的这类外来金银器对中国文化产生的影响，已远远超越了器物的使用功能，上升到了审美观念层面。但需要说明的是，中国人吸纳了外来金银器的造型、纹饰、工艺，并以自身的欣赏习惯改造了外来器物的风格，使之符合中国人的品位，顺利地实现外来文化的本土化。

唐代金银器的兴盛还有更深层的原因，即自汉代以来，从朝廷到民间，人们对寻仙问道、长生不老的狂热追求。人们认为使用金银器对人身体健康存有奇特的功效，能延年益寿，还有机会封禅成仙，所以这种价值崇拜和永生向往相结合，增添了金银器的神圣光彩，其生产制造也随之发生了重要变化。

二、唐代金银器制作工艺

唐代金银器的制作分"官作"和"行作"两种。"官作"是官营的金银手工业，称"金银作坊院"，官作金银器品质较高；"行作"是非官方经营的金银行业的工匠所制，总体质量不及"官作"。

据《唐六典》记载，金的加工方法有销金、拍金、镀金、织金、砑金、披金、泥金、镂金、捻金、戗金、圈金、贴金、嵌金、裹金 14 种。这些方法继承了中国古代传统工艺，同时，也借鉴和吸收了异域金银器制作技术。唐代金银器工艺中最成熟的是锤揲，其次是錾刻、镂空（或透雕）、凸花工艺、模冲、鎏金、铆接以及焊接等。这些工艺是唐代金银器制作的主要手段，一直被后世沿用。

先进的工艺使唐代金银器造型优美，结构精细严密。最具代表性的是银熏球，银熏球即文献记载中的"被中香炉"，是当时熏香用的器具。这种"被中香炉"古已有之，但制作方法失传已久。西汉末年，擅长机械设计的长安工匠丁缓重新制成前代的银熏球，使得这类器物的制作工艺得以传世。唐代的银熏球无论在结构、功能还是造型和装饰方面都达到了很高水平。这种银熏球可以放置在被褥内，或佩戴于衣袖之间，而不用担心晃动时火星倾漏，灼伤衣被和皮肤。银熏球直径仅 4~5 厘米，小巧玲珑，遍体镂空花纹，既美观，又提供了香料燃烧所需的氧气，保证熏香充分散溢。银熏球中的香炉呈碗状，放置在球内，用两个机架固定、支撑起来，利用相互垂直的转轴和香炉本身的重量保持平衡，无论外面如何转动，内部的香炉始终平稳，不致香灰或火星漏出。银熏球的设计原理与现代陀螺仪的万向支架相似。唐代银熏球运用持平环的平衡原理，保证了器物使用中的安全性，体现了美用兼备的设计思想。

三、唐代金银器的种类与造型

唐代金银器种类繁多，形制多样，从饮食器、酒器、茶具、药具到宗教用品和各类杂器，涵盖生活的方方面面。金银器的种类和造型既与人们的生活方式相联系，也与时代的审美情趣有关。

唐代金银器的造型可以划分为圆形、方形、多曲形、花形、仿生形及其他。圆形和方形是典型的金银器造型。新颖的多曲形是唐代金银器的一个亮点，时代较早的多曲形器物分瓣多，分瓣处内凹明显，平面总体呈长形的为多，与波斯萨珊王朝、中亚粟特王朝的器物风格接近。时代较晚的多曲形器物一般分为四瓣、五瓣，有的仅表现在口沿上，器物腹部不分瓣，或分瓣不明显，平面总体呈圆形。唐代的多曲形金银器主要是长杯和碗。

唐代的花形器是指模仿植物花卉的外形来设计的金银器，是唐代花形器的重要形制，在盘与盒中体现得尤为明显。除了花形器，在唐代还出现了大量具有花口特征的日用金银器，花口有莲口、葵口数种。

唐代金银器中还有一类仿生形器。仿生设计虽是一个现代设计的概念，但在中国，"制器尚象"的传统造物思想说明，它在造物之初就已存在。人们模拟自然界中真实存在的动物、植物、人物的形态造型而制作的器物在各个历史时期和各类造物材质中都普遍存在，如大汶口文化中的鸟形白陶鬶、商周时期的兽形青铜酒器等。唐代金银器中的仿生形器将"制器尚象"运用得淋漓尽致，有以乌龟、蝴蝶、卧羊等为原型的金银器皿，其中最为著名的是出土于江苏镇江丁卯桥的鎏金龟形金签筒。

除了以上所述的几大类器型，还有其他复合器型，如金瓶、银芙蕖、蒲篮等。唐代金银器中还有一种值得一提的新型复合品类，这就是金银盘盏。金银盘盏为饮茶器，由杯（或碗）和托组成，造型较简单，做成洗练的圆形或方形。还有大量的器物追求局部或整体造型的多样化，如盘类器物的盘口有菱花形、葵花形、桃形、海棠花形，盒类则除菱花形、葵花形、海棠花形，还有"亚"字形、云头形、瓜菱形、蛤形、龟形等。唐代狮纹金花银盘见图4-1。

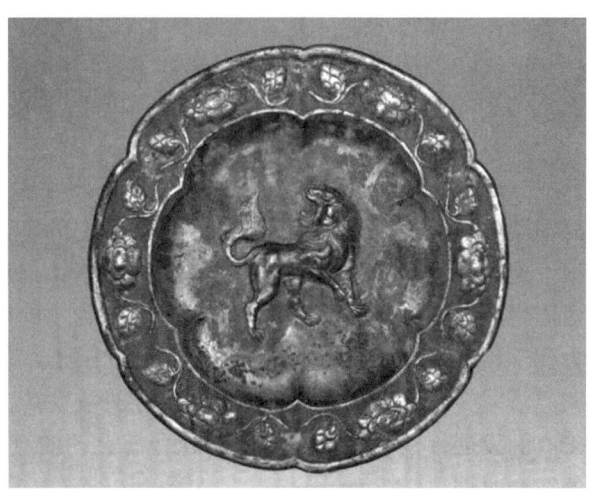

图4-1 唐代狮纹金花银盘
中国国家博物馆藏

在局部变化造成整体造型与装饰多样化的金银器中，杯是典型的例子。金银杯具的不同则主要体现在足或柄上，如高足杯的足部上端有带托盘的或无托盘的；足柄的"算珠式"节可以显现，也可忽略。带把杯的柄端既可以上昂，也可以下曲；柄孔则呈圆形，或略成心形；柄的外侧有素面的，也有连珠、人头等立体的装饰；柄的上部可以设平錾，也可无平錾。杯的足部与柄的多样组合产生了丰富的器型与装饰效果。

唐代金银器普遍器型高大，造型丰盈有气势，设计中巧妙地融简繁、疏密、动静为一体。成熟的加工制作工艺使唐代金银器具备一种大气和华丽的美，去除了前代金银器的纤弱之感，在金银流光中展现出唐人的精神风貌与审美趣味。

从唐代金银器的器型中，我们还可以看出当时对外文化交流的情况，包括曾受到波斯萨珊王朝、中亚粟特王朝以及拜占庭王朝的影响等。粟特王朝的带把杯、拜占庭王朝的高足杯和波斯萨珊王朝的长杯让唐代的金银器造型风格更加多样化。这些外来器型被中国工匠吸收、改造，制作出符合中国人审美情趣的器物。

四、唐代金银器的纹饰

唐代金银器大多具有华美的纹饰，也有精美的素面器物。唐代金银器装饰纹样按主题可分为三大类：①动物类，如龙、凤、鹿、狮、孔雀、鹦鹉、鸳鸯、鸿雁、迦陵频伽、摩羯等。②植物类，如莲花、忍冬、宝相花、葡萄、卷草、团花、折枝等。③人物故事类，如钟馗捉鬼、真子飞霜、伯牙鼓琴等。此外，几何纹、连珠纹、绶带纹在金银器纹饰中也较为常见。

唐代是中国金银器物发展的鼎盛时期，这一时期金银器不仅数量剧增，而且品类增加，还出现了在收藏、展示外具有实用功能的器物。金银原料的增加、锤揲技术的成熟和中外文化交流的频繁使器型、纹饰、风格都发生了很大变化。唐代金银器在坚持民族特色的基础上，吸收异域文化因素，并使之本土化，创造了金银器历史的巅峰。可以毫不夸张地说，中国金银器在唐代的繁盛正是中华民族与中华文化巨大包容性与开放性的直接见证，可谓锦绣岁月，金银流芳。

第二节　隋唐铜器

唐代留存至今的铜器数量很少，但铜镜却进入了中国镜史的黄金阶段。

迄今为止，我国发现最早的铜镜为齐家文化铜镜，包括素镜与几何纹镜。商代出现了植物纹铜镜，至西周晚期，铜镜打破了以几何纹和植物纹为主的传统风格，出现了动物纹。汉代是中国古代铜镜工艺的第一座高峰，但继之而来的动荡使这一工艺走向衰退。隋唐时期，国家经济繁荣，物质财富急剧增长，在中外文化广泛交流的环境中，各类工艺都获得前所未有的发展。铜镜制作在经历了魏晋南北朝的衰落后重新走向繁荣，进入了继汉代之后的黄金时期。

在介绍隋唐铜镜时，有必要对铜镜的结构和各部位的名称做一个简单的介绍。中国古代铜镜种类繁多，正面有照容取光的实用功能，背面多有纹饰，具有装饰功能。尽管铜镜形制多样，但镜背的结构基本相同，一般来说包括八个组成部分。

1. 钮：在镜背面中心位置，钮为凸起状，上面有孔可以系带，常见的镜钮有弓形、乳状、圆形、橄榄形、兽形等。

2. 钮座：镜钮的装饰性基座，有素圆形、花瓣形、叶纹、连珠纹等多种形式。

3. 内区、中区、外区：指钮座之外配置纹饰的各个装饰带，由内而外依次为内区、中区、外区，有的只有内区和外区，素镜则无内外区之分。

4. 边缘：镜背的最外缘。

5. 圈带：镜缘纹饰。

6. 铭带：铜镜装饰带中铸有铭文的部分。

7. 镜铭：镜背上所铸的文字，也称铭文。

8. 主题纹饰：镜背的主要纹饰。如果镜背分区，一般把内区纹饰作为主题纹饰。

一、隋唐铜镜工艺发展的三个时期

隋唐铜镜工艺的发展大致可以分为三个时期，每一时期铜镜的形制、纹饰、镜铭各有其特点。

（一）隋至唐初

这一时期为汉魏铜镜向唐代铜镜的过渡期，铜镜工艺在沿袭前代特征的同时有了创新。

1. 形制：有圆形和方形两种，圆形居多。镜钮除素圆钮，也多见兽钮和龟钮。

2. 纹饰：镜背主题纹饰仍然流行四兽、六兽或四神图案，间配以流云纹或规矩纹。除流行的四神镜、十二生肖镜、四神十二生肖镜、瑞兽葡萄纹镜，以鸾鸟葡萄、宝相花等为主题的植物纹镜也逐渐发展起来。

3. 铭文：隋至唐初，铜镜铭文一般为四字诗歌，字体多为隶书，点画无缺。

（二）盛唐时期

盛唐时期，中国社会经济空前繁荣，文化艺术也迅速发展，铜镜工艺进入了全盛期。铜镜金属成分中锡的含量增多，镜面光亮，更宜于照容取光。此时，开始流行各种特种工艺镜，如螺钿镜、金银平脱镜、嵌银鸾兽镜、错金镶料镜等。图案多采用高浮雕或浅浮雕的装饰技法，花纹结构恰当、富丽堂皇、工艺精湛，呈现出浓厚的盛世气象。

1. 形制：除了圆形和方形，还出现了菱花形、葵花形等。镜体一般比较厚重，给人大气之感。

2. 纹饰：除了之前的瑞兽纹、宝相花纹，还出现了大量的新题材，有取材于自然界的雀鸟花枝、燕雀蜂蝶，有历代传说中的奇禽异兽，有流传广泛的神仙人物，还有反映现实生活的打马球、狩猎等。因此，这一时期的铜镜根据主题纹饰划分，种类繁多，如海兽葡萄镜、雀绕花枝镜、瑞兽纹镜、对鸟镜、宝相花镜、盘龙镜、狩猎镜、打马球镜、三乐镜、月宫镜、飞仙镜、真子飞霜镜等。

3. 铭文：因主题纹饰突出，铜镜铭文明显减少，铭文带也很少见，这是盛唐铜镜的独特之处。

唐代金背瑞兽花鸟纹铜镜见图4-2。

图4-2 唐代金背瑞兽花鸟纹铜镜

美国哈佛艺术博物馆藏

（三）中晚唐时期

受安史之乱的影响，中晚唐时期社会经济逐渐萧条，铜镜工艺也急剧衰退，此时所制的铜镜在工艺技术方面已大不如前。

1. 形制：除了圆形，还流行方形和"方亚"字形。镜背多为素圆钮，多无装饰性钮座，镜缘大多为素缘，镜体较单薄，铸造不精细。

2. 纹饰：除有简单的植物纹，还流行具有道教意味的八卦纹和带有佛教色彩的"卍"字纹。八卦文以八卦为主，同时配以符箓、干支、星象等纹样，佛教"卍"字纹则显得单调乏味。此时的铜镜纹饰大不如前，显现出明显的衰退趋势。晚唐"卍"字镜见图4-3。

图4-3 晚唐"卍"字镜

台北故宫博物院藏

3. 铭文：中晚唐所制铜镜铭文较前期有所增加，铭带也明显增多，但文字排布较为随意，内容单一。

二、唐代制镜中心——扬州

隋唐时，扬州与益州（今成都一带）是长江流域重要的商业中心，有"天下之盛，扬州为首"之说。富庶的扬州也是唐代的铸镜中心，著名的扬州铜镜因镜材越炼越清，故有"百炼镜"之称。扬州铜镜的发达与盛唐时人们"千秋节赠镜"之俗有关。千秋节始于唐开元十七年，唐玄宗在左右丞相的建议下将自己的诞辰（农历八月初五）定为"千秋节"，这一日君臣在宴乐后互赠铜镜，以示关爱与忠诚。扬州土贡铜镜中的方丈镜、江心镜、百炼镜正是这一节日活动的产物。唐代云龙纹江心镜见图4-4。

图4-4　唐代云龙纹江心镜
晋源区文物旅游局藏

隋唐铜镜种类丰富，形制多样，纹饰繁多，制作工艺精湛，达到了中国镜史的巅峰。从铜镜可见唐代繁荣的文化景观、丰饶的物质财富和多样的审美情趣。隋唐铜镜"以鉴之美"的物质形态存留了辉煌时代的历史剪影。

第三节　唐代漆器

唐代是我国封建经济和文化高度繁荣的时期，工艺美术得到了很大发展。唐代漆器在考古发现中比较少，这是因为上好的漆器工艺复杂，耗费大量的人力、物力，朝廷不得不对漆器生产的数量和规模有所限制，以避免奢靡之风盛行。再加上器物保存难度大，所以传世品较少。结合考古发现、文献记载以及传世漆器，可以获知唐代漆器的一些明显特征。唐代漆器最突出的成就是工艺技术上的进步，具体表现为"金银平脱""螺钿镶嵌""雕漆工艺"。

一、唐代漆器的造型

漆器制作需经上百道工序，工艺烦琐，且成器保存难度颇大，所以十分珍贵。

湖北襄州是唐代最大的漆器产地，唐代文献中有贡朝廷漆器的记载。但唐代漆器实物极为罕见。生活器皿有盘、碗、勺、盒、盂等，家具有床、箱、屏风，还有独特的漆佛像等。在中国古代漆器工艺的发展中，贵族性、文人性、宗教性贯穿其中，漆器造型的发展也受朝代审美因素影响。

唐代漆器在前代的基础上进一步发展，为了适应富贵华丽的审美要求，在设计和制作工艺上，唐代漆器的造型主要向着华丽、饱满的方向发展，形体风格更加多元化。漆器大多是以独立单体的形式出现的，同时造型适应器皿的功能，器皿功能依存于造型，两者相辅相成，统一于一体。这种适应性在漆器造型中世代延续，也是中国传统文化哲学思想的体现。

二、唐代漆器的纹样

唐代漆器从装饰主题上看，已经从汉代的动物神兽主题转变到花鸟主题。这说明当时的人们已经不再以神异题材为表现对象，而开始重视自然中的鲜活形象，开始转向自然本身。

（一）花鸟纹

花鸟纹是在唐代漆器上出现最为频繁的纹样，如金银平脱花鸟纹铜镜。在唐代所有遗存中，如纺织物、日用器皿、乐器、宗教器物等，都可以看到丰富多样的，或规范工整或神采飘逸的花鸟纹。在唐代漆器上，花鸟纹有时会作为主体纹样，但更多时候是与人物组合在一起，形成花鸟人物纹。

（二）卷草纹

卷草纹是流行于唐代的一种花草纹，呈波浪状左右或者上下延伸，多用于边饰。唐代的卷草纹不再拘泥于严谨的二方连续的格式。花叶姿态更加生动灵巧，体现了当时自由潇洒的时代风貌。如金银钿装唐大刀便在纹饰设计上采用了典型的卷草纹。

（三）团窠纹

"窠"意为昆虫、鸟兽的巢穴，借指人安居或聚会的处所。团窠纹是唐代流行的一种装饰纹样。它以一种或几种花鸟，采用对称或平衡形式，组合成近似圆形的单独纹样。其主题可以是祥瑞的动物，如"团龙""团凤""团鹤"等；也可以是有吉祥含义的花果，如牡丹、石榴、葡萄等。后世又将这种纹样称为团纹、团花纹。

三、唐代漆器的工艺

唐代漆器在材料、技艺和装饰审美等各方面全面发展，最终演绎出唐代恢宏瑰丽、璀璨奢华的漆饰工艺文化，远播四方，影响深远。其中的平脱、螺钿等典型唐代漆器装饰工艺在我国已失传,实物留存更是极少,因此,就学术研究价值而言更为珍贵。

日本正仓院藏有一枚唐代的漆背金银平脱八角镜,根据《献物帐》记录,此镜源自唐室宫廷,为圣武天皇生前所珍爱。日本正仓院藏平脱漆器种类广泛,北仓还藏有金银平文琴、银平脱漆胡瓶等宝物,皆为唐代金银平脱漆器精品。

(一)金银平脱

金银平脱是我国古代著名的漆器装饰技法。其工艺利用了金银延展性能好的特点,将极薄的金银箔片裁剪出一定的形状,再雕出丰富细腻的图案,并用漆或胶黏附于器物表面,然后在其上多次髹漆,待干透后再打磨推光,于漆地上显露出金银花纹。因纹样与漆地平齐,故而得名"金银平脱"。这是一种将髹漆与金属镶嵌相结合的工艺。我国考古发现的唐代金银平脱器物,多出土于河南、陕西两省,特别是西安、洛阳两地,而在其他地区则极少发现。唐代金银平脱的工艺已经达到了炉火纯青的程度。唐代金银平脱四凤纹方镜见图4-5。

图4-5　唐代金银平脱四凤纹方镜
美国弗利尔美术馆藏

(二)螺钿工艺

在唐代与金银平脱齐名的便是螺钿工艺,因其璀璨斑斓的装饰效果与奢靡浮华的社会风气相契合,尤为帝王、贵族所激赏,进而全面兴起。

螺钿工艺在西周盛极一时,其后却沉寂千年,绝少有螺钿漆器出土,直到南北朝时期才重新出现。唐代螺钿工艺再度复兴。基于唐代强盛的国力,早期的蚌壳之类的镶嵌材料,已被名贵、斑斓的珍珠贝、夜光贝、鲍鱼贝取代。其工艺所耗费人力、物力、财力不逊于金银平脱,因此也曾被下诏令禁绝。"平脱"之名自唐代以后逐渐隐去,只有螺钿镶嵌之名得以流传。

螺钿工艺后经宋代、元代的继承、发展,到明代趋于成熟。明代《髹饰录》更专有

"螺钿"条加以详述。螺钿工艺经过唐代的发展，最终成为中国漆工艺传承十分悠久的装饰技法之一。

第四节　隋唐陶瓷

一、隋代瓷器

隋代结束了魏晋南北朝的分裂动荡局面，实现了统一，国家经济逐渐恢复，并呈现出繁荣景象，制瓷业也随之得到恢复和发展。

隋代瓷器在造型、釉色、装饰和工艺方面是对魏晋南北朝的综合与超越，尽管隋代国祚短暂，但这一时期成熟的青瓷烧造工艺和白瓷的成功烧制，为唐代"南青北白"格局的形成奠定了基础。

隋代工匠不但继承了前代的制瓷技术，而且广泛吸收其他工艺，使瓷器的器型更加丰富，种类已突破了日常用具的既定范围，扩展至更多领域，与人们的日常生活建立了更加密切的联系。除了常见的饮食、烹饪、盛储器，还有枕、炉、灯、烛台、腰鼓、棋盘以及器座、凭几、凳、柜、井、房舍模型。

隋代瓷窑留存并不多，根据考古发现，其主要集中在南北水陆交通要道，如河南的安阳窑、河北的磁县窑、安徽的淮南窑、江西的丰城窑、湖南的湘阴窑以及四川的邛窑。便利的交通使南北瓷器生产制作进一步融合，北方瓷窑能制作、出产南方瓷窑的青瓷器物，南方瓷窑也生产北方瓷窑的同类产品。

这一时期瓷器的装饰技法主要是刻花和印花，并出现了简单的彩绘，花纹有花卉纹和动物纹等。

隋代白釉罐见图4-6。隋代淮南窑青釉划花莲瓣纹四系盘口瓶见图4-7。

图4-6　隋代白釉罐
北京故宫博物院藏

图4-7　隋代淮南窑青釉划花莲瓣纹四系盘口瓶
北京故宫博物院藏

二、唐代瓷器

由隋至唐,中国进入了经济高度发达的全盛时期,国力强盛,社会安定,中外贸易、文化交流频繁。瓷器不但要满足内需,还要供应外销。瓷器生产进入了全面繁荣的阶段。这一时期出现了各具特色的瓷窑体系,这些窑系多以地名命名,后世一直沿用至今。

(一) 青瓷

唐代青瓷窑主要有越州窑、鼎州窑、婺州窑、岳州窑、寿州窑和洪州窑,这六大青瓷窑也被称为唐代六大名窑。其中,除了鼎州窑遗址未被发现,其他瓷窑均已被考古发现证实。唐代陆羽在《茶经》中从品茶体验的角度评价茶器,将越州窑列为第一,认为越州窑的茶碗"类玉""类冰""越瓷青而茶色绿",优于邢州瓷,是最上乘的。唐代越窑青釉海棠式碗见图4-8。

图4-8　唐代越窑青釉海棠式碗
上海博物馆藏

(二) 白瓷

白瓷在隋代烧制成功,到了唐代快速发展,生产规模迅速扩大,并逐步打破了长期以来人们对青瓷制品的使用风尚。唐代白瓷品质不输青瓷,"如银""类雪",与南方青瓷交相辉映。白瓷器型丰富,有茶器、饮食器、文房用品、宗教用具、类金银器等。特别是其中的类金银器,这类瓷器专门仿制符合贵族审美风格的金银器,如高足杯、长杯、把杯、海棠杯、凤首壶等,体现了唐代发达的金银器制作对瓷器的影响,金银器所呈现的域外风格被吸收到瓷器中。

唐代著名的白瓷瓷窑有北方的邢窑和定窑,均在河北。除此之外,河南的巩县窑、密县窑,山西的平定窑与浑源窑也出产优质白瓷,巩义出产的白瓷与邢窑白瓷同为呈贡之物。

以越窑为代表的青瓷窑系和以邢窑为代表的白瓷窑系在唐代平分秋色,成为人们生活器皿的重要组成部分。"南青北白"的格局至此完全形成，一直持续到五代时期。但需要说明的是，在唐代，有的白瓷窑口也烧造少量青瓷，有的青瓷窑口也出产少量白瓷，只是规模较小。后来由于江西景德镇开始大规模烧制白瓷，这一南北之分的生产格局才被打破。

（三）茶器

唐代饮茶之风盛行，饮茶方式十分讲究，瓷制茶器受到欢迎。煎茶所用的风炉，沏茶所用的茶瓶、碗，盛茶滓的唾盂，研磨茶末的茶臼大多是瓷器，唐代瓷质茶具中常伴有一种瓷人，李肇的《唐国史补》中记载："巩县陶者多为瓷偶人，号陆鸿渐，买数十茶器得一鸿渐，市人沽茗不利，辄灌注之……"陆鸿渐即陆羽，可见当时人们对茶圣与茶文化的崇尚。

（四）唐三彩

唐三彩是一种低温铅釉彩陶，以黄、褐、绿为主要釉色，还有白、红等其他釉色。这种低温彩陶主要依靠烧制过程中铅釉的自然流动而形成绚丽夺目、流光溢彩的陶釉。唐三彩在初唐时主要作为明器陪葬，后来逐渐成为实用品和具有观赏价值的器物。这种低温铅釉彩陶技术被后世继承，直接影响了宋、辽、金的彩釉陶瓷制作。

第五章 宋元瓷器、金银器、漆器

第一节 宋元瓷器

一、宋代五大名窑与六大窑系

在唐代瓷器全面发展的基础上,宋代陶瓷登上了中国瓷器史上的巅峰,宋瓷成为中国瓷器的翘楚。时至今日,宋瓷在中国陶瓷史乃至世界陶瓷史中的地位都是难以超越的。宋代博雅、精致的文化土壤使瓷器浸润着敛约、温和的美学特征。评价宋瓷的美学标准有两个:第一,器型;第二,釉色。这两条标准足以见出宋瓷崇尚简约、含蓄的内敛品质。

宋代陶瓷业竞争激烈,工匠往往将肆坊或制作者的标记印在器物上,以示区别。由于此时各地瓷器行业都处在高度发达的阶段,工匠的师承谱系不同,瓷器制作原料、窑具、燃料不尽相同,制作工艺也同中有异,致使不同地区的瓷器产品具有区域性特色,进而又形成了很多独具风格的窑口和窑系。其中,汝窑、官窑、哥窑、定窑、钧窑被誉为五大名窑。这些著名窑口出产的瓷器在品类、造型、工艺等方面都超过了唐代,并创造出铜红釉瓷、结晶釉瓷、窑变花釉瓷等新品,共同筑就了中国陶瓷史的巅峰。由于瓷器生产技术的普及和提高,宋代民窑众多,遍布全国,自成体系。北方的定窑、耀州窑、钧窑、磁州窑与南方的龙泉窑、景德镇窑被称为六大窑系。

(一)汝窑

汝窑是宋代的官窑,在河南临汝县,故称为汝窑。其传世器物极少,窑址至今未被发现,但在文献中,汝窑反复出现,并被誉为"五大名窑之首"。陆游在《老学庵笔记》中写道:"故都时,定器不入禁中,惟用汝器……"汝窑在宋徽宗在位期间烧造,生产时间短,质量控制严格,制品专供宫廷使用,极少余品流入市场,因此汝窑的瓷器在当时就难得一见。汝窑瓷器大多为素面,不带纹饰,釉色天青,雅洁莹润,有细密开片,也称为"蟹爪纹"。北宋汝窑器皿见图5-1。

图5-1　北宋汝窑器皿
大英博物馆藏

(二) 定窑

定窑是在唐代继邢窑之后兴起的白瓷窑系，主要在河北省曲阳县，古代属定州，故名定窑。其创烧于中晚唐，北宋时最为兴盛。定窑白瓷继承邢窑烧造工艺，器物胎体极薄而不变形，釉色乳白，或略泛红色，有象牙质感，流釉在冷却后凝聚如泪，器表装饰一般采用刻画和压印手法。为了满足内需和外销需要，宋代工匠发明了支圈窑具覆烧工艺，覆烧的瓷器因口沿部分不施釉而形成芒口，为弥补芒口的缺陷，便使用金、银、铜镶边，原本为掩饰瑕疵的装饰反而使器物显得更加华贵。定窑除了出产白釉瓷器，还出产黑釉和褐釉瓷（酱釉），即文献中所说的"黑定"（墨定）和"紫定"。定窑虽为民窑，但也曾一度为官府烧造贡瓷。北宋金定窑印花云龙纹盘见图5-2。

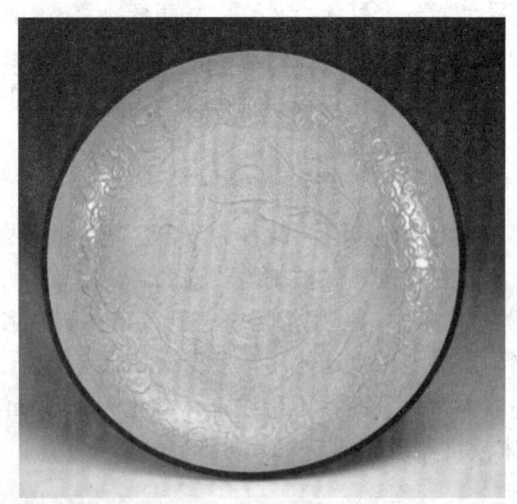

图5-2　北宋金定窑印花云龙纹盘
上海博物馆藏

（三）哥窑

哥窑是南宋时龙泉窑的重要窑口，哥窑瓷器产于龙泉，"为章生一"的说法自明代嘉靖年间就开始出现。嘉靖版《浙江通志》记载："相传旧有章生一、生二兄弟，二人未详何时人，至琉田窑造青器，粹美冠绝当世，兄曰哥窑，弟曰生二窑……"哥窑瓷器器薄釉厚，布满开裂的网状纹路，统称"百圾碎"。裂纹不规则，大裂纹呈深黑色，小裂纹呈褐黄色，大小裂纹错杂分布，如网交织，又被称为"金丝铁线"。这种裂纹是由于胎、釉膨胀系数不同而在冷却时形成的，此裂纹还会因为温度的变化而继续开裂。宋代哥窑青釉鱼耳炉见图5-3。

图5-3　宋代哥窑青釉鱼耳炉
北京故宫博物院藏

（四）官窑

官窑有北宋官窑与南宋官窑之别。北宋官窑被称为"旧官"，在都城汴梁附近，专为皇室烧制瓷器。还有一种说法认为，宋迁都临安之后，先后建了两处"官窑"，一处是"杭州'修内司'官窑"，另一处是"余姚官窑"。南宋官窑被称为"新官"。官窑瓷器釉色素雅，有粉青、天青、淡白、油灰、米黄、豆青等釉色，属青瓷系，器表光洁润泽，有"贡篚银貂金作籍，官窑瓷器玉为泥"的说法。官窑瓷器口部挂釉较少，胎色露出，故称其口为"紫口"；器足不施釉，胎骨呈铁黑色，故称为"铁足"。"紫口铁足"是历代鉴定官窑瓷器的基本标准。两宋官窑专门生产皇室用瓷，传世品较少。南宋官窑贯耳瓶见图5-4。

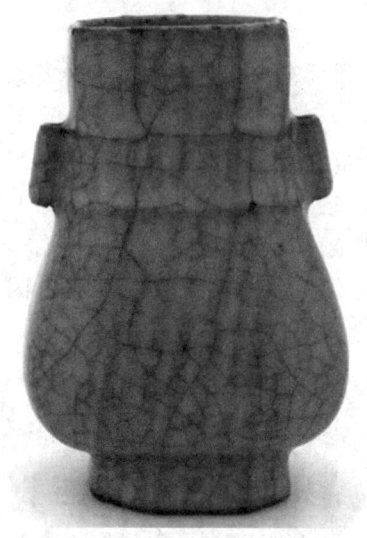

图5-4 南宋官窑贯耳瓶
美国弗利尔美术馆藏

（五）钧窑

钧窑也称均窑或钧州窑，在今河南禹县，禹县古称钧台，明代称钧州，故称为钧窑。钧窑创烧于唐中晚期，兴盛于北宋。钧窑瓷器胎质细腻，器体轻薄、坚硬，叩之有声，窑变釉色流光溢彩、斑斓绚丽。传世器物中花器和文房用具较多，主要釉色是铜红釉（由于使用氧化铜为釉料着色剂，高温烧造后形成深浅不一的紫红釉色）。釉层厚而黏稠，在烧造过程中由于釉层分流而使器表呈现出凹凸变化的效果，有如"蚯蚓走泥"，这一形象的描述也成为钧窑瓷器的标志之一。宋代钧窑月白釉出戟尊见图5-5。

图5-5 宋代钧窑月白釉出戟尊
北京故宫博物院藏

（六）龙泉窑

龙泉窑创烧于两晋，兴盛于宋代，南宋最盛，停烧于清代。其属于南方青瓷系，在中国历史上烧制年代最久，烧制规模最大，外销范围最广，也是影响最大的窑系，主要分布在今浙江的丽水、温州一带，在龙泉县、庆元、云和与丽水等地均有大量窑口分布。龙泉青瓷有两种类型，即哥窑器与弟窑器。哥窑器是黑胎开片瓷器，多断纹，号"百圾破"；弟窑器也称龙泉窑器，是白胎和朱砂胎青瓷。龙泉窑青瓷瓷质细腻，器物造型端庄素雅，釉色明丽雅洁，釉面多玻璃质，有细碎开片。南宋龙泉窑青釉长颈瓶见图5-6。

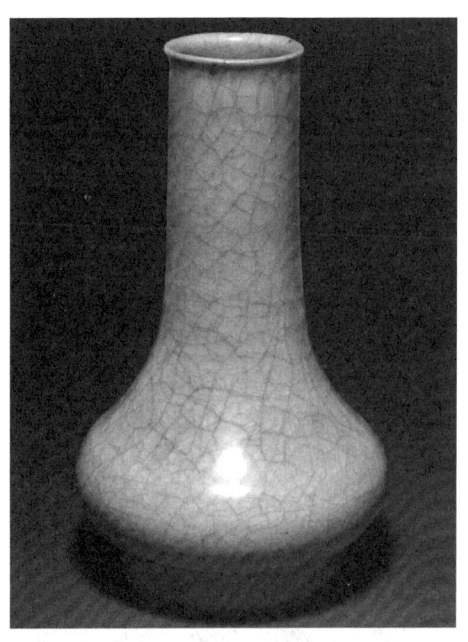

图 5-6 南宋龙泉窑青釉长颈瓶
大英博物馆藏

（七）景德镇窑

景德镇窑创烧于唐代，景德镇原名"新平镇"，因其在昌江之南，又名"昌南镇"。当地盛产优质瓷石和高岭土，出产的青白瓷品质极佳，因其贡瓷受到皇室青睐，朝廷特以宋真宗的年号（景德）为之命名，"昌南镇"便更名为"景德镇"。宋代是青白瓷的兴盛期，景德镇青白瓷器型规整，白色胎体坚硬轻薄，釉色莹润，青中有白，白中见青，青白相互辉映，又被称为"影青""映青"和"隐青"，多为饮食器与日常器皿，斗笠碗是景德镇青白瓷中较为常见的器型。宋代景德镇窑青白釉带盖瓶见图5-7。

图 5-7 宋代景德镇窑青白釉带盖瓶
北京故宫博物院藏

（八）磁州窑

磁州窑位于今河北省磁县，因磁县宋时属磁州，故称为磁州窑。磁州窑是我国北方最大的民窑，其悠久的烧造历史可追溯至南北朝时期。其半干的施釉技法和白地黑花的装饰风格对中国陶瓷史产生了重大影响。其出产的白瓷胎体较厚重，釉下施黑彩，装饰题材多样，花鸟鱼虫、历史故事、民间传说、诗词曲文应有尽有，具有浓厚的民间气息，体现了我国古代制瓷工艺与绘画艺术的结合，为元代青花瓷的出现奠定了基础。白地黑花的瓷枕是宋代磁州窑极具代表性的器物。北宋磁州窑叶纹梅瓶见图5-8。

图 5-8 北宋磁州窑叶纹梅瓶
韩国国立中央博物馆藏

(九) 耀州窑

耀州窑位于今陕西铜川市黄堡镇，创烧于唐代，因宋时属耀州府管辖，故称为耀州窑。耀州窑兴盛于宋代，五代、宋、金均为朝廷烧制贡瓷，明代停烧，属青瓷窑系，被誉为"北方青瓷"的代表，其制瓷工艺"巧如范金，精比琢玉"。橄榄绿色的青瓷与潇洒犀利的刻花、雕花工艺是耀州窑瓷器的代表性特征。耀州窑青瓷在北宋时最为繁盛，并随丝绸之路远销海外。青瓷器型规整、精巧，胎体较薄，胎色深灰，釉色莹润，绿中泛黄，主要为日用器皿。北宋耀州窑剔刻莲纹罐见图5-9。

图5-9　北宋耀州窑剔刻莲纹罐
韩国国立中央博物馆藏

此外，吉州窑、建窑也都是一代名窑。这些窑口的瓷器生产主要着眼于生活实用，面向民间，瓷器结实耐用，造型美观，不乏精品佳作，如吉州窑和建窑的黑釉瓷。

二、辽、宋三彩和元代白瓷与青花瓷

(一) 辽三彩

辽金的制瓷业与宋基本属于同一时期，多受中原陶瓷烧制工艺的影响，同时融入了地域民族的文化特征。辽代的白瓷主要受北方邢窑和定窑的影响，制作精良。在唐三彩的基础上，辽代工匠创烧出独具地域与草原民族色彩的低温釉彩陶——辽三彩。辽三彩运用釉料中铜、铁、铅的流动性，使流釉在烧造过程中自然交融，窑变后产生美轮美奂的视觉效果。

辽三彩具有浓厚的地方色彩，器型、纹饰、釉色都体现出草原民族的审美情趣，大气、浑厚、粗犷。其工艺特点体现在以下四方面：第一，采用二次烧造工艺；第二，坯体素烧后施化妆土再上釉；第三，彩釉以黄、绿、白为主；第四，采用填彩（画花、剔花、印花）技术装饰器表。

辽三彩具有实用与观赏的双重价值，主要为实用器物，也作为随葬品使用。其代表性器物是三彩壶，有鸡冠壶、水注壶、穿带壶、摩羯形壶等，受早期草原游牧生活方式的影响。此外，彩釉佛教雕像是雕塑艺术与陶瓷艺术结合的产物，三彩罗汉塑像最具代表性。

（二）宋三彩

宋三彩主要是北宋初年河南窑口烧造的低温彩釉陶器，釉色有黄、绿、白、褐、黑、蓝等，是普通民众的日用器物。和唐三彩相比，宋三彩有了进一步的发展，器物致密、坚硬，叩之有金属声，硬度增强。器表彩釉浓厚，色彩鲜艳夺目，釉层配色和施釉方法更加精细。器物装饰主要采用模制、雕塑、刻划、绘画等手法。

（三）元代白瓷与青花瓷

元代的瓷器制造主要集中在南方，北方和中原地区战乱频繁，南方相对安定，陶瓷工匠便多汇聚于此。工匠的聚集有力地推动了制瓷业在前代全面繁荣的基础上继续发展。

此时的瓷器作坊有官、民之分，器物上刻有款识的多为官窑出产，如"内府""枢府""使司师府公用"等，其中，枢府窑的白瓷最为成功。元代白瓷很发达，这可能与草原民族尚白的习俗相关，品质最好的是景德镇白瓷，瓷胎轻薄细腻，器型规整，釉色莹润洁白，釉下有精美的印花纹。

在白瓷趋于成熟时，青花瓷作为中国瓷器的重要代表很快占领了市场，成为元代生产规模最大、出口量最多、最具代表性的瓷器。元代的蒙古族本不习惯使用瓷器，而更青睐金属器皿，但由于出口贸易的需要，官府在景德镇设立"浮梁瓷局"，大力督办制瓷业，奠定了明清"天下咸称景德镇"的局面。

青花瓷是一种白地蓝花釉下彩瓷，在唐代已经出现，但传世器物很少，宋代也不多见。我们今天所说的青花瓷（白地、透明釉、钴蓝图案）是在元代后期大量出现的，主要产地是江西景德镇，浙江、云南、广东也有少量出产。

元代青花瓷除了充当日常生活用具和明器，主要作为外销瓷生产。此时的青花瓷既有造型精巧的小型器皿，主要销往菲律宾等国，也有胎体厚重的大型或巨大型器物，销往伊斯兰国家。器物造型优美，端庄、浑厚而不失古雅。钴蓝料着色稳定，不易褪色，蓝白相映，清新明丽，为明清釉下彩瓷的出现做了充分准备。器物装饰以绘画为主，兼用刻花、印花、划花、浅浮雕等手法，题材十分丰富，有动物、植物、人物以及与佛教相关的象征符号与纹样，器表画面较满。特别值得一提的是人物图案，大多是戏曲、杂剧、平话中的历史人物或神话传说中的人物，与当时人们的文化娱乐生活密切相关。

元代中期青花瓷烧造工艺已经十分成熟，标志着中国古代制瓷业进入了一个新阶段。元代青花瓷开创了明清两代以彩瓷为主的新局面，使中国陶瓷史呈现出万紫千红的斑斓景象。

元代景德镇还成功烧制了利用铜红釉装饰的釉里红瓷，这是我国古代陶瓷烧造工艺的重大成就。景德镇的青花瓷、白瓷、青白瓷与龙泉窑的青瓷、磁州窑和钧窑的白釉黑花瓷共同构筑了元代瓷器的壮观图景。

第二节　宋元金银器

一、宋代金银器

近半个世纪以来，大宗宋代金银器的考古发现几乎都集中在长江流域。例如1959年四川德阳宋代银器窖藏出土银器100余件，1960年南京江浦黄悦岭南宋张同之墓出土银器及金镶玉钱等20余件，1980年福建邵武故县宋代窖藏出土银器140余件，1985年湖北蕲春宋代窖藏出土金器50余件，1991年四川绵阳窖藏出土银器35件，1996年成都彭州宋代窖藏出土金银器350余件等。北方的相关发现较少，有1969年河北定县两座北宋塔基出土的金棺、银椁、银塔和缠龙银瓶等，以及山东莒南县宋代银器窖藏出土的钵、匜、盏、碗及鎏金银狮等，而且这些发现在整体上难以与南方出土的宋代金银器规模相提并论。

在这些考古发现中，成都彭州窖藏是我国目前发现的较大金银器窖藏，其数量之丰、文物之美，全国罕见。在这些金银器物中，金器有瓜形金盏、菊花金碗、圆底金杯、金筷等，银器有凤头形盖银执壶、象纽莲盖银注子、莲盖折肩银执壶，以及龙纹夹层银杯、银熏炉、荷叶龟纹银杯、银茶托、银梅瓶等，非常精美，亦可见宋代四川地区的商业经济发达。下文将主要介绍成都彭州窖藏的宋代金银器，展现其器物之美。

（一）多样的器型

宋代盛行程朱理学，人们的审美观念有了很大的变化，追求朴质无华、平淡自然的情趣意味。因此，宋代金银器无论在造型上还是在纹饰上，一反唐代的雍容华贵，转为素雅生动，形成了独特的风格。总体上，宋代金银器的形体比起唐代更趋小巧，胎体轻薄、俊美、雅致。在造型上，宋代金银器更以花式繁多、别具一格而著称。在唐代曲瓣式器型的基础上，宋代金银器皿的曲瓣式造型更加丰富多彩，花型也多样化。以碗、杯、盏、盘等容器为例，就有圆形、五角形、五曲形、六角形、六曲形、八角形、十二角形及荷花形、蕉叶形、重瓣菊花形、桃形、柳斗形等。其中，荷花形、蕉叶形、重瓣菊花形、桃形等造型的器皿是唐代没有出现的新器型。

1. 三十二曲菊花金碗：通高4.60厘米，口径10.40厘米，底径4.00厘米，足高1.20厘米，器壁厚0.14厘米，重124.00克。器型完整，圆唇微外侈，口沿呈多曲形，共三十二曲。弧腹外凸双重菊花瓣形，下接喇叭口形高圈足，外凸十六瓣形。内碗底以凸圆点排列，表现花蕊意象。花蕊四周饰一圈十五瓣花瓣，瓣上有叶脉的纹路。足外壁錾铭"绍熙改元舜字号"七字是宋代金银器商品化的体现。足与器身分别制作，通过焊接而成一体。

2. 龙纹夹层银杯：通高6.8厘米，足高1.2厘米，口径8.5厘米，足径4.2厘米，重117.0克,由杯身、杯足、龙头、龙身、龙尾五部分组成,圆唇,直腹,高圈足。器身为双层构造,圆唇下饰一圈雷纹装饰,杯腹中部饰八层有序排列的卷云纹,腹底部饰一圈双层叠压团云纹,云头上满饰碎线纹,圈足底錾刻一圈卷草纹。杯腹附两条蜿蜒盘绕的龙兽,其中一龙横爬于杯腹,另一龙横爬于杯腹,上身向上弯曲,龙爪攀杯沿,头伸向杯中,身上以鱼子纹饰鳞片,龙尾因材料的限制而与龙身分制而成。该龙龙头与龙身结构分离,经组合而成,以银丝焊于龙头上,另一端插在筒状颈部一小段后,弯曲出颈,由此使龙头可以活动,极为精妙。该杯工艺精湛多样,实为难得之精品。又如葵口圆底金杯,通高4.3厘米,口径8.2厘米,器壁厚0.2厘米,重108.0克。其口呈六瓣葵口形,方唇,平口,以向内凹的分棱线将器身划分为六瓣,器身从上至下向内收缩,形成弧形底座。从杯的外形看,器身上下方向无折角,宛如花朵一般,温柔细腻,具有极好的握持手感,体现了宋代的典雅风范。

3. 五曲金盏:通高4.4厘米,口径8.1厘米,底径3.4厘米,重45.0克。盏唇微向外翻,口呈五曲葵口,弧腹,以"S"形路径锤揲分界线,将盏身划分为五瓣花形,盏身下接喇叭形高圈足。内底以阳刻线技法锤揲出五瓣花,外接五片叶。花瓣描绘精细,细节丰富,在花瓣内饰花蕊并有蕊心,足见工艺的精湛。瓜形金盏器身呈五棱瓜形状,盏一端装饰瓜叶与枝蔓,盏身錾刻有精致的卷草纹,瓜脐上錾刻着有序排列的小碎点。

4. 十曲圆弧银盘:通高2.1厘米,口径18.9厘米,底径12.2厘米,厚约0.2厘米,重134.0克。盘口为十曲圆弧形,圆唇,平折沿,弧腹,平底。腹部由盘口延伸而下的内凹分棱线划分出十片外凸的小瓣,同时使盘底同样形成十曲圆弧形。在折沿面上饰有两道弦纹,弦纹间錾刻缠枝花带于折沿面上,每曲内有三朵花,枝条呈起伏的水波纹状,重复排列相连,使曲与曲之间的枝相连更具有整体感。盘整体锤揲成双重的十瓣花形,通体磨光,素雅的器壁与繁密的平沿装饰共存,在双重十瓣花形的器具中构成了简繁的和谐。

5. 树叶形银托盘(图5-10):通高1.4厘米,托面最长径26.2厘米,最短径3.3厘米,重166.0克。器物锤揲成形。中心的托为椭圆饼形,托面向内凹,托盘呈菱形,锤揲为四片叶形,相互叠压,盘身微上翘,间有空隙,叶边缘为对称多曲形,面内刻叶脉纹,托面錾铭"董"字。四片叶依次重叠,互相对称的造型更具有一种美感,体现了古人高雅的审美。

图5-10 树叶形银托盘
彭州博物馆藏

此外，南宋时期常见的银盒、八卦纹银杯、八角纹银杯、银梅瓶等，在造型上已经完全摆脱了唐代风格的影响，堪称宋代金银器的典型代表。成都彭山窖藏出土的凤头形盖银执壶，盖上部呈凤鸟头形，钩喙如鹰，冠毛长飘，构思新颖独特而富有神秘感，体现了宋代金银细工的非凡造诣。在纹饰上，宋代金银器追求多样化，或素面光洁，或花鸟轻盈。纹饰题材来源于社会生活，表现内容更加广阔，也更加世俗化，例如象征美好幸福、繁荣昌盛、健康长寿等寓意的花卉瓜果、鸟兽鱼虫和人物故事等，具有很强的写实性和浓郁的生活气息。纹饰布局也突破了唐代流行的团花格式，多因器施画，以取得造型艺术与装饰艺术美的和谐统一。

6. 如意云头纹梅瓶：通高19.9厘米，底内凹0.8厘米，口径3.7厘米，最大腹径11.4厘米，底径4.9厘米，重268.0克，原应有盖，小口，翻唇，直颈略往下束，鼓腹下斜收为小平底，底内凹。器物由翻唇、瓶身和瓶底三部分组成。翻唇为细银条焊接于瓶身而成，瓶身与瓶底分别制造，通过焊接结合。颈部以下满身饰浅浮雕塑造的如意云头纹。颈部錾铭"董"字及压铭，后有一押记，底部亦有铭文，已不可辨。通过此瓶可见宋代对浮雕技法的熟练运用，此瓶体现出素雅而又繁密的审美韵致，其錾铭与画押的存在也表现了该瓶背后所暗含的商业流转，赋予了其更广阔的文化内涵，实为一件不可多得的艺术珍品。

（二）工艺的创新

1. 技艺的创新。

宋代金银器的工艺技法在继承唐代的钣金、浇铸、焊接、切削、抛光、铆、镀、锤、凿、镶嵌手法的基础上加以改进，使其富有灵活性与创造性。自秦代以来流行的掐丝镶嵌、焊缀金珠的技法几乎绝迹，而较多运用锤揲、切削、錾刻、镂雕、焊接等技法，并在许多方面有所创新。最有特色的是，宋代金银器普遍采用立雕装饰和浮雕型凸花工艺，使制成的金银器看起来更具立体感，这也是宋代金银器制作工艺发展的一次创举。

彭山窖藏出土的金银器"象纽莲盖银注子"是一个酒壶，造型精致雅观，器盖是莲花座的形状，上面有一象为纽，器身上的纹饰也非常丰富，包括凸弦纹、蕉叶纹、夔形虎纹、卷草纹等，在宋代是极为少见的一件器物。"注子"一般指的就是酒壶，大部分都是以金属或者陶瓷制成的。

再如福建邵武故县出土的鎏金银八角杯，其上的人物、亭台楼阁等整幅画面以及杯底錾刻的《踏莎行》词意的画面，都是采用凸花工艺来表现的。

又如彭州博物馆藏宋代莲花纹银熏炉，盖径25.2厘米，通高29.4厘米，重478.0克。熏炉由盖、托盘、圈足三部分组成。炉盖上为莲花形纽，由圆柱形花蕊和球形莲花组成，纽通高15.5厘米，直径11.5厘米，蕊高4.5厘米，蕊面直径4.4厘米，束颈高2.3厘米，直径5.8厘米。花蕊平顶，束腰，腰身被分为七部分。莲球共有四层，花瓣中有镂空，每层有14片，错为叠压组合。莲球最低层花瓣内饰折枝花纹。炉盖下部分为双层莲瓣，每层20片错位叠压，中有镂空。托盘为双层台阶形。圈足为十瓣方形，每瓣内饰折枝花三枝。该熏炉制造工艺多样，制造难度大，制造内容繁复，体现了宋代先进的工艺水平。

2. 工序的创新。

随着城市的繁荣和商品经济的发展，为了维护商业信誉和赢得行业竞争，宋代民营金银器制造业往往将行名、匠名及产地印刻在金银器上。在销售器物上留下文字标识，是商品经济下品牌意识的一次发展，这是工艺的发展伴随着商业化而出现的一道全新的工序，深刻地表现了宋代商品经济的发达。比如德阳出土的银器上有刻镌或书写的"周家造""孝泉周家打造"等，江苏溧阳平桥银器上的"李四郎""张四郎"等，成都彭州窖藏金银器上的"张十二郎记""吉庆号""罗祖一郎"等。金银器的自由经营，也使金银器的使用有泛滥之势，不仅皇室、王公大臣、富商巨贾享用金银器，就连富有的平民乃至酒肆、妓馆也都大量使用金银器，以往笼罩在金银器之上的神秘而尊贵的光环已经褪色。

二、元（辽、金）金银器

辽、金、元是少数民族建立的政权。辽与北宋抗衡，金与南宋对峙，元是灭宋金后统一全国的政权。辽、金、元三朝与宋政权都有密切的关系。因此，辽、金、元金银器既有本民族特色，充满浓厚的民族风情，又受汉族金银器传统的影响，具有浓郁的汉风。辽代金银器多为契丹贵族留下的遗珍，种类有冠带佩饰、马具、饮食器皿、首饰、符牌及葬具等。而金代金银器的实物发现不多，从目前出土和传世的金银器来看，其素雅的风格大体与两宋时期的金银工艺一致。

（一）金银器传统风格

辽建国200余年，其金银器吸收了唐代与宋代金银器的特点。如出土于内蒙古通辽市吐尔基山辽代墓葬的金花银盖碗（图5-11），其造型与何家村窖藏的唐金花银盖碗相似，均分盖与碗部分，具有圈足、曲腹、平底的结构，采用银器錾刻或模冲花纹鎏金的工艺制作而成。该器的盖部顶面为双鱼纹饰，四周有放射状线条，在盖身描金四株植物纹样。碗部与盖部的装饰大体相当。

图 5-11　金花银盖碗
内蒙古通辽市吐尔基山辽代墓葬出土

金历经北宋、南宋时期，明显受到宋代风格影响，如哈尔滨新香坊墓地出土的金代鎏金边荷花银盏（图5-12），通高4.4厘米，口径9.9厘米，底径3.6厘米。其采用铆焊工艺将6个花瓣银片相接形成荷花状盏体，花瓣镶金边，内饰花草纹，盏心为花形。底接圈足，上附一圈如意草纹。其纹饰风格与辽代陈国公主墓出土的金银器相似，可见辽、金、宋之间的文化交流频繁。

图5-12　金代鎏金边荷花银盏
哈尔滨新香坊墓地出土

元代金银器秉承了宋代金银器的很多特点，例如元代金银器制造业仍然偏盛于南方，大宗出土多集中在长江下游与苏皖一带，北方则相对低迷。从整体上看，元代的金银器承袭了宋代秀美典雅的风格，然而，某些金银器上也表现出一种纹饰繁复的趋向，这一趋向在元末表现得更为明显，对我国明代金银器风格的转变产生了不少影响。

元代八棱镀金团花银盒：出土于江苏吴县吕师孟墓，通高8.9厘米，腹径24.8厘米，底径17.5厘米，重776.0克。其采用锤揲錾刻工艺制作而成，盒盖为一浅盘造型，盘内采用线刻双凤图，并镀金。盒身以内外分棱线划分为16瓣，并在盒腹外壁錾刻48朵缠枝花卉。盒身下部朝内收缩，接于圈足上。银盒采用的工艺多样，器型复杂，纹饰繁复，并有"闻宣造"标识，体现了元代金银器朝繁复方向的转变和品牌意识从宋到元的持续发展。

（二）朝代特色

辽由契丹族建立，契丹是马背上的民族，精美的马饰充分地体现了契丹人对马的热爱。如辽陈国公主驸马合葬墓出土的金銙银蹀躞带（图5-13），带长156厘米，宽3厘米，以银带和各种銙件构成，分别有方形金带銙11件、桃形带孔金带銙5件、长方形金带扣1件、圭形金尾1件、金带箍1件，用银钉铆合固定在带上，并附带有金花银囊。

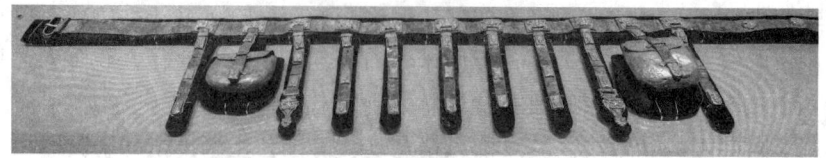

图 5-13 金銙银蹀躞带
辽陈国公主驸马合葬墓出土

金由女真族建立，其独具特色的耳饰带有鲜明的民族特色。如哈尔滨新香坊墓地出土的两件金代耳饰（图 5-14），左为Ⅰ式，长 4.1 厘米，宽 2.3 厘米。整体由黄金一体铸造而成，由花茎、花蕾和花叶三部分组成。花茎形成未闭合的椭圆形孔洞，茎上分别有三个凸起的花蕾，呈左二右一分布，花茎下部垂直一花叶。右耳饰为Ⅱ式，长 4.4 厘米，宽 2.3 厘米。整体与Ⅰ式的风格相近，不同之处在于三个花蕾更大、更具有冲击力。该类耳饰一体成型，巧妙地将一枝花铸造成了一枚耳饰，体现了女真人对自然美的崇尚与独具特色的民族艺术情趣。

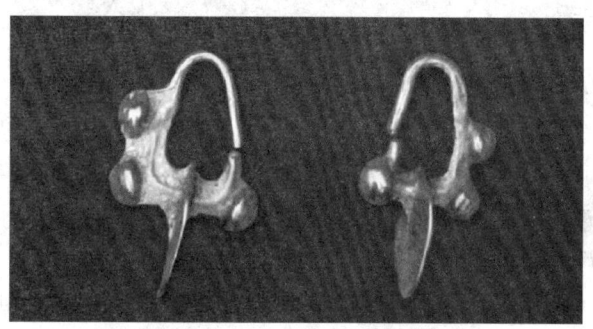

图 5-14 Ⅰ式、Ⅱ式金代耳饰
哈尔滨新香坊墓地出土

元代金银器的鲜明特色是大师名器。元陶宗仪《辍耕录》记载，"浙西银工之精于手艺，表表有色者，有嘉兴朱碧山，平江谢君余、谢君和，松江唐俊卿等"。这些大师名匠的作品至今未见出土，仅有元代最负盛名的朱碧山精心制作的银槎传世。北京故宫博物院所藏的朱碧山款银槎，是元代金银器中的杰出代表。槎为木筏之意，银槎即为如木筏一般的饮酒器。此银槎采用了枝干下一位执书人的构图。正面槎尾上刻有"龙槎"两字，杯口下刻"贮玉液而自畅，泛银汉以凌虚，杜题"行楷十四个字，槎下腹部刻"百杯狂李白，一醉老刘伶，知得酒中趣，方留世上名"楷书二十个字。槎尾后部刻"至正乙酉，渭塘朱碧山造于东吴长春堂中子孙保之"楷书二十一字，图章"华玉"篆书二字。整个银槎塑、字、画和谐一体，拥有雕塑与书画的多重美感，体现了名家不凡的艺术修养。

第三节　宋元漆器

一、宋代漆器

（一）宋代漆器的历史背景

漆工艺经过几千年的发展，至唐宋元时期门类已基本齐全，一色漆、描金、堆漆、雕漆、戗金、螺钿等工艺都已发展比较成熟。至两宋时期，民间作坊日渐兴盛，其中以温州、杭州漆器最负盛名。宋人提倡简约的审美哲学，注重漆质本身的光泽，朴质无纹的一色漆与雕饰华美的戗金、雕漆、堆漆和螺钿等交相辉映。宋代漆器美学注重"理气""文道""性情""胸次""气象""涵咏""自得"，体现出"素""华"兼备的两种工艺风格。

（二）金漆

金漆之法，简单来说就是用漆在已经荫干固化的漆面上描绘出图案纹样，然后将金箔或金粉黏附漆上，从而使刻画的图案纹样金光灿烂，经久不褪。

戗金漆奁充分体现了工匠的操刀功底。它不仅在工艺上堪称戗金工艺发展成熟的典范之作，填补了我国髹漆工艺史的空白，而且其纹饰、款铭所呈现的人文内涵更是丰富，是研究南宋时期社会经济、商品流通、服饰文化的重要物证，意义非凡。

（三）犀皮漆

犀皮漆也叫"菠萝漆"，其图案取决于表面起皱和点纹高低起伏的变化，是漆器的重要工艺种类之一，南宋时杭州人已经使用犀皮漆日用器。犀皮漆色泽美观，纹理天然流动，模拟自然界中的纹样。这种变化莫测、天然成趣的工艺为漆器纹饰的发展提供了无限的创作空间，也成就了它独特的美感。

明代的漆工名匠黄成编著的漆器专著《髹饰录》，全面地叙述了有关髹漆的各种技法。在《髹饰录》中犀皮漆列入填嵌一类，原文是"犀皮或作西皮，或犀毗。文有片云、圆花松鳞斑者般。近有缸面者，以光滑为美"。

（四）螺钿

唐代有着非常优秀的螺钿漆器，虽然在宋代文献上也提到过它的存在，但是出土的文物非常稀少。

（五）素髹

"素"有朴质无纹之意，素髹漆器朴素无华，或起棱分瓣，或平滑洗练，具有宋器流畅、简约、含蓄、自由的特点。素髹的涂色，多为内黑外褐，绝无纹案、铭文，是当时流行的漆器设色。

宋代漆器的最大特点为朴质无华。用漆漆物谓之"髹",素髹即单色漆器,《髹饰录》称"质色""单素"。这种漆器又称"无文漆器",强调漆色之美,无纹饰之缀。素髹漆器是漆器中最为简约、承袭时间最久的类别。我们可以看到,以下两组作品(图5-15、图5-16)色彩单一纯粹,富有极简之美。

图5-15 宋代常州铭花瓣式黑漆碗
常州博物馆藏

图5-16 南宋漆托盏
常州博物馆藏

素髹虽然简约,但是在工艺上的难度并不亚于其他富贵奢华装饰类的漆器。素髹对髹漆的要求更为严格,极为考验漆工的能力。

二、元代漆器

元代漆器不论是在造型、色彩上,还是在图案题材、布局与表现手法上,都与宋代漆器一脉相承,并发展了宋代漆器的典型特征。

(一)雕漆

黄成在《髹饰录》中认为,宋代雕漆与元代雕漆的特点,是并举的"宋元之制,藏锋清楚,隐起圆滑,纤细精致"。以此可以推论,宋代雕漆在胎质、造型、纹饰、髹漆、雕刻等方面与元代近似或相同。

全国现存元代雕漆作品不多,主要有剔红、剔黑、剔犀三个品种,髹漆较厚,雕法圆润,不漏刀锋。器型多盘、盒,尊和盏托次之。纹饰包括花卉、山水人物、几何纹三种。从图5-17和图5-18可以看到雕漆的精美与细致,用刀干脆利落,堆漆肥厚,用藏锋的刀法刻出丰硕圆润的花纹,淳朴浑成,极为精致,质感特殊。

图 5-17　"杨茂造"剔红观瀑图八方盘　　　图 5-18　元末明初剔红凤穿牡丹纹盘
北京故宫博物院藏　　　　　　　　　　　　美国弗利尔美术馆藏

宋代出现了专门用于收藏与鉴赏的雕漆工艺。这种工艺是在胎体上经过一层一层刷漆叠加，达到一定厚度后进行图案雕刻，也称为"剔红""剔黑""剔黄"。宋代独具特色的雕漆新手法——"剔犀"，即用黑、红两种漆反复间隔着涂叠之后，再以 45 度角雕刻出回纹、云钩、剑环、卷草等不同的图案，从而制作出黑红相间的纹饰效果。此断面显露出不同的颜色，如同犀牛角横断面，层层环绕的肌理效果极其逼真，故得名"剔犀"。

（二）螺钿

到了元代，螺钿工艺更加成熟，在元大都遗址中发现了广寒宫图螺钿黑漆盘残片，上面的楼阁、树木等景物十分细致，而且运用了分裁壳色、随彩而施的技法，发挥了不同贝壳、不同色彩的特性。

（三）戗金

在以推光器或罩漆处理的漆器表面，采用特制的针或细雕刀刻出较纤细的纹饰来，在刻画的花纹上上漆，然后填以泥金或金箔，花纹露出金色的阳文，称为戗金。元代最出名的戗金纹饰图案有山水树石、花竹翎毛、亭台屋宇、人物故事，每一类都极为精巧、工细。

（四）张成造——元代漆器驰名商标

张成，浙江嘉兴人，元代髹漆名家。元明时期的嘉兴因地理位置优越，经济发展较快，成为江南重要的漆业中心，涌现出了张成及其子张德刚，以及杨茂、张敏德等一批雕漆名家。

"张成造"剔犀云纹漆盒现藏于安徽博物院，通高 9.5 厘米，直径 14.5 厘米，通体髹漆肥厚，黝黑发亮，大气华美。盖和底分别雕刻有三组如意云纹，刀口深峻，磨工圆润。在刻面上可以清晰地看到三条朱漆带，流动婉转，富有生意。在底部边缘刻有三字"张成造"。

第六章　明清家具、陶瓷、金银器、铜器

第一节　明清家具

一、明式家具

(一) 明式家具的概念

"明代家具"与"明式家具"这两个概念经常被人们混淆。明代家具专指在明朝制作的家具，它不仅包含明式硬木家具及传统的漆饰家具，还包括一些设计水平和工艺技术较佳的软木家具。而明式家具的制作年代一般是从明代中期到清早期，这一时期是我国古典家具的黄金时期。因此，明代家具强调时间概念，而明式家具强调艺术概念，两者有本质的区别。明式家具主要是指家具所追求和体现出来的一种艺术风格，它实现了实用性与艺术性的和谐统一，反映了特定的审美与格调，其制作工艺和造型艺术是当时世界的最高水平。因此，明式家具被誉为东方家具的璀璨明珠，在世界家具史中享有盛誉，并且在今天的设计界依然很有影响力。

(二) 明式家具兴盛的原因

1. 园林建筑的兴起：我国的园林发展历史悠久。北宋后期李诫编修的《营造法式》、明末吴江人计成所著《园冶》，都是记录园林建筑的著作。家具作为室内陈设的重要组成部分，自然也会随着园林建筑的兴起而兴盛。

2. 丰富的原材料：明代自郑和下西洋后，交通运输得到发展。我国与东南亚各国的交往更加密切，而这些地区是出产优质木材的地方，因此，在热带生长的花梨、红木、紫檀等材料有了较充裕的供应，为家具生产提供了良好的物质条件。

3. 工艺的提升：没有良好的工具，不能制作精巧的物品。硬木质地坚韧，更需要利用优良的木工工具。又因明代锤锻技术大大提高，木工工具的种类也增多，因而可以满足各种加工需要。

(三) 明式家具的艺术风格

用四个字来精简概括明式家具的艺术风格，那就是"古、雅、精、丽"。这四个字

饱含了工匠的精湛技艺，浸润了文人的审美情趣。

1. 古：指明式家具崇尚质朴之风，追求朴素无华，装饰非常克制，讲究少而精、淡而雅，注重材质美，充分运用木材的本色和纹理，不加修饰，以此来凸显家具的本色。

2. 雅：指明式家具整体以清秀雅致见长，以简练大方取胜。当时江南园林的兴起使得文人对装饰园林的各种器物产生了浓厚的兴趣，纷纷参与设计，推动了明式风格的形成。如文徵明参与拙政园的设计，祝枝山在官帽椅上题款等，形成了家具上的书卷气与文人情趣。明式家具的设计者大多是当时的文人雅士，这是一批文化修养非常高的设计师，他们设计出家具图样后，再交给出色的木工制作完成，拔高了家具的整体品位。由于文人参与设计，家具极具意匠美，在造型上追求极简，整体轮廓讲究方中有圆、圆中有方，若有若无、若虚若实，给人留下广阔的想象空间，体现了虚无空灵的禅意，是禅宗美学在家具设计上的体现。

3. 精：指明式家具做工精益求精、一丝不苟，非常注意结构美，尽可能不用钉和胶，因为不用胶可以防潮，不用钉可以防锈。明式家具的结构来源于建筑的梁架结构，横的是梁，竖的是架，结构严谨，用材合理，主要采用榫卯结构连接，既符合功能要求和力学结构要求，又牢固、美观、耐用。

4. 丽：指明式家具体态秀丽，以造型美取胜，不落俗套，具有极高的艺术品位。比如常用的"S"形椅背，既符合人体的生理特点，又别具一格。

（四）明式家具的种类

明式家具按使用功能大致分为六大类：坐卧类、承具类、卧具类、皮具类、架具类以及屏具类。坐卧类有凳、墩、椅等。承具类有几、桌、案等。卧具类有床、榻等。皮具类有盒、匣、奁、箱、柜、橱等。架具类有面盆架、镜架、衣架等。屏具类有砚屏、炕屏等。

明式家具按地域特色，可分为苏作、京作、广作和仙作。以苏州为中心的长江中下游地区是明式家具的发源地，所以苏作是明式家具的代表，并且对京作、广作家具影响很大。京作家具由于受帝王品位影响，材质都是最好的，以黄花梨、紫檀家具为主，纹饰多为龙凤等。广作家具受西方文化影响，装饰纹样多带有西方元素。仙作指的是福建莆田仙游一带的家具。

（五）明式家具的制作流程

明式家具的制作要经过设计、生坯制作、雕刻、漆工这四个环节。

1. 设计：设计是头道工序，不仅要设计造型，还要设计家具的结构、雕花纹样等，反映了设计师的独特匠心。

2. 生坯制作：生坯制作就是木工制作，基本流程除了机械加工，还有划线、理线、装配、打磨4个环节。

3. 雕刻：雕刻需要按照设计图铲底、理顺边线、拉花、雕刻纹样等，要做到跟脚清、花叶活翻、层次清晰、有立体感。

4. 漆工：漆工一共有16道工序，包括打生坯、刮面漆、磨砂皮、做颜色等，一直到最后一步推砂叶、揩漆,非常专业。

(六)明式家具的材质

明式家具主要以紫檀、黄花梨、鸡翅木和铁力木等硬木作为材料,这四种木材也是明清家具最常用的硬木材料,可以称得上明清家具的四大硬木。

1. 紫檀:紫檀是世界上十分名贵的木材之一,是硬木里面质地最坚硬、分量最重的,颜色大多是紫黑色,很适合用来制作家具和雕刻艺术品。用紫檀制作的器物打蜡磨光后就不需要再用漆油了,它的表面就呈现出了如缎般的光泽,非常华丽。

2. 黄花梨:黄花梨是明式家具最常用的材料,颜色不骄不躁,恰到好处,纹理若隐若现,生动多变,并且木性非常稳定,可以用来制作异形家具。黄花梨虽然没有紫檀那么名贵,但是纹理还是很美观的,所以在明式家具中的应用很广泛。

3. 鸡翅木:鸡翅木是一种红木,名称来源是木材上的切面有像鸡翅的"V"形花纹,鸡和吉祥的"吉"谐音,明清两代文物上有鸡必定寓意吉祥,因此鸡翅木深受文人雅士的喜爱。

4. 铁力木:铁力木是硬性木材里面成长最高的树种,没有其他硬木昂贵。材质较硬,木质中心为暗红色,木材笔直纤细,在两广地区大多用来制作桌椅等家具。

(七)明式家具的艺术成就

1. 注重意匠美:巧而得体,精而合宜。

2. 注重材料美:充分运用木材的本色和纹理,不加遮饰。用深沉的色调、坚而细的质感,达到稳定且调和的艺术要求。

3. 注重结构美:不用钉、不用胶,主要运用榫卯结构,不同的部位运用不同形式的榫,既符合功能要求,又使之牢固。

4. 注重工艺美:面的处理有适当的比例和尺度。在线的利用上,既简洁又利落。

(八)明式家具的典型样式

椅蕴含着倚靠之意,凡是带有靠背、扶手,可以倚靠的这种坐具,称之为椅。交椅、官帽椅、圈椅、靠背椅、太师椅等都是明式椅子的典型代表。在明式椅类家具中,有圈椅、官帽椅和交椅三分天下之说。圈椅厚重,官帽椅典雅,交椅古朴拙趣。

1. 交椅:前后腿相交为轴,坐面可以折叠的椅子。交椅源于胡床,它本来是北方游牧民族的坐具,后来由胡汉杂居的地方向南方普及。由于交椅可以折叠,携带方便,所以经常在郊游、围猎、行军作战中使用,后来逐渐演变成厅堂家具,常常摆放在厅堂中的显著位置,有凌驾四座之势,是身份和地位的象征。古书中常说的英雄好汉论资排辈坐第几把交椅,就是出自于此。正因为这样,"坐第一把交椅"就成了首领的代名词,后来在交椅的基础上,又出现了以官职命名的一种扶手椅——太师椅。

长期陈列在上海博物馆明清家具馆中的黄花梨木圆后背交椅是明式家具的代表作。这把椅子不上漆、不上色,素面朝天,却别有洞天,在经历了岁月的消磨后,表面依旧能呈现出协调的自然光泽和沉静的肌理质感,这一切都要归功于黄花梨极其稳定的性质。这把交椅在设计过程中就巧妙地利用了黄花梨的质地,保持木材本身所具有的特性,色泽不静不喧,恰到好处;纹理或隐或现,灵动变幻。椅圈分五段接成,连接处使用锲钉榫,让椅圈分段连接不会散落。楔钉榫是连接弧形材料常用的榫卯结构。椅圈构件的交接部位镶有白铜饰件,起到加固和装饰的双重作用。靠背板以攒框镶板的方式制成,上半部分透雕螭纹,中间透雕麒麟纹,处处彰显尊贵。座面是软性的麻纤维材料,具有良好的吸湿与透气功能。

2. 官帽椅:官帽椅的名称来源没有确切的记载,一般认为椅子扶手、靠背形成的高度差和宋明时期官帽前低后高的形制具有相似之处,所以有些专家认为官帽椅就是这样得名的。官帽椅主要由座面、扶手、搭脑与靠背板组成,当人们坐在官帽椅上时,重量从腿部和足部转移到臀部和股部,同时重量也分布到臂部和头部。从正、侧面看,官帽椅的搭脑与靠背板组成"S"形,与人体的脊椎曲线基本相同,搭脑对应颈椎,靠背板对应胸椎和腰椎,搭脑顶端的弧面也与头部的枕骨对应,所以人坐在上面比较舒适,符合现代人体工程学。

官帽椅分为四出头式官帽椅和南官帽椅两种,也就是出头的和不出头的两类。

(1) 四出头式官帽椅:图6-1所示的四出头官帽椅是明式椅的一种典型款式。四出头是指椅子的搭脑两端出头,左右扶手前端出头。它的标准式样是后背为一块靠背板,两侧扶手各安一根"连帮棍"。椅子的搭脑和扶手都会出头,搭脑穿过立柱后仍向前探,并在尽头向外挑出、翘起,搭脑中段弧度呈罗锅式,扶手两端外撇,与搭脑和谐统一,曲线优美。

图6-1 明代黄花梨四出头官帽椅
上海博物馆藏

(2) 南官帽椅:如图6-2所示,作为明式家具的代表作之一,南官帽椅的特征是扶手和搭脑不出头,而不出头的官帽椅因为在南方使用较多,所以被称为南官帽椅。南官帽椅的特点是在椅背立柱和搭脑相接处做出软圆角，由立柱作为榫头，横梁作为榫窝（烟袋锅式做法）。"S"形椅背多采用边框镶板做法，中间分成数格，有的镂雕一个透孔如意云头，有的浮雕一组简单图案，美观大方。南官帽椅通常成对使用，很少单个使用。

图6—2　明代黄花梨大南官帽禅椅
北京颐和园馆藏

3. 圈椅：圈椅最明显的特征是圈背连着扶手，从高到低一顺而下，座靠时可以使人的臂膀都靠着圈形的扶手，从而感到十分舒服。圈椅造型圆婉优美，体态丰满，独具民族特色。"天圆地方"是中国文化中典型的宇宙观，不但影响到建筑，也融入家具的设计之中。圈椅是方与圆相结合的造型，上圆下方，以圆为主旋律，圆是和谐，象征幸福，方是稳健，宁静致远，圈椅完美地体现了"天圆地方"的设计理念。

4. 靠背椅：靠背椅产生于南北朝，唐代以后使用更加普遍。椅面一般为方形，有靠背和拱形搭脑。靠背椅的造型特点就是没有扶手，并且靠背、搭脑都不出头。这种椅子的靠背有不同形式，有后背长方笔直，像古代石碑的"一统碑椅"，还有一种被称为"灯挂椅"，它的搭脑两端挑出，又微微向上翘，犹如挑灯的灯杆，因此而得名，灯挂椅是明代最为普及的椅子。

总之，明式家具集中国古典家具之大成，在世界家具体系中独树一帜。明代文人参与家具设计，拔高了家具整体的艺术品位。优雅简洁的明式家具深受人们喜爱，它的影响力一直延续到今天，很多现代中式家具仍然在沿用明式家具的造型和结构，很多国外的设计师也以明式家具为范本来进行当代家具的创新设计。

二、清式家具

（一）清式家具概况

一般来说，以清乾隆时期为分水岭，在这之前的家具在艺术风格上还是属于明式家具，在这之后的家具被称为清式家具。清式家具在乾隆时期发展到顶峰。其注重装饰，求多求满，千方百计营造一种富丽堂皇的视觉效果，几乎用尽了一切能用的材料与工艺，对家具进行满雕和密集的装饰，体现出当时追求奢靡的社会风气。大家若走进北京故宫博物院，看看按照乾隆年间的规格所布置的房间里的家具，就可以想象当时上层社会的奢华程度。由于装饰繁多，清式家具在体量上比明式家具宽大厚重，整体不如明式家具简洁优雅。

（二）清式家具三大名作

清式家具根据产地分为京作家具、苏作家具和广作家具。

1. 京作家具主要指清宫造办处制作的家具。京作家具重外表装饰，常用华丽的雕琢技法。

2. 广作家具以广州为中心，汇聚了南洋各国的优质木材，用料充裕，雕刻风格受到西方建筑雕塑的影响，花纹隆起较高，个别部位近似圆雕。

3. 苏作家具是指以苏州为中心的长江中下游地区所生产的家具。清式苏作家具一开始延续明式风格，后来逐渐注重装饰，但总体上具有节俭意识，哪怕是绿豆大小的玉石碎渣，都会被充分利用。以清代苏作紫檀席心描金扶手椅为例：从外观来看，俊秀华丽，但是从用料来看，就非常节省。这把椅子的四条直腿平面以外的所有装饰全部用小块碎料粘贴。椅面下的牙条比较窄和薄，座面边框也不宽，中间不用板心而用藤席，节省了很多木料。椅子的靠背和扶手采用拐子纹装饰，拐角处用格角榫接，拼接纹饰连拇指大小的木块都派上用场，可见用料之省。

（三）清式家具的艺术特征

1. 追求新奇，样式多变。清式家具的品种比明式家具要多。清式椅类家具更是多变，有桃式凳、海棠式凳、三屏风式靠背太师椅等，其中以太师椅的装饰手法最为精湛。清式家具的装饰纹样明显拓宽，飞禽鸟兽，无所不用，用于家具装饰上的几何图纹、仿古玉纹与钱币、吉祥纹样等浮纹雕饰，从雕刻至研磨的功夫令人惊叹不已。

2. 用料讲究，结构巧妙。清式家具推崇色泽深、质地密、纹理细致的珍贵硬木，以紫檀、花梨木、红木等高级硬木为主，有的家具甚至用一根整木制作而成，并且严格选材，要求木料完整没有缺陷，色泽均匀。同时，为了方便家具出口国外市场，其把以往的贯穿榫都改为暗榫，让榫头不外露，外观结构上保持美观，并且纹理一致。

3. 善用各类装饰与镶嵌技法。清代工匠用各类材质与木材混搭，比如贴金、包铜、镶玉等，处理方式更加复杂，把传统器物的各种装饰手法都套用在家具上，借用牙雕、竹雕、石雕、漆雕等多元手法，在家具上镶嵌木材、石材、陶瓷、螺钿和玉石，竭尽所能、力求新奇，体现了"土豪式"的审美。

4. 东西方文化交融。在西洋建筑风格的影响下，清代的建筑、室内装饰和家具风格也发生了明显的变化，权贵不仅以西方的器物作为显赫身份的象征，而且热衷于将我国传统的器物西洋化。因此，清式家具的一个显著特征就是受到17世纪、18世纪法国巴洛克和洛可可风格的影响，19世纪英国的维多利亚风格对清式家具也有影响，装饰元素与造型的增多就是文化影响的表现。因此，清式家具整体具有用材厚重、用料较多、体态凝重、体型宽大、装饰繁复的特点。受到西方工艺影响的家具分为两种：一种直接采用西方家具的样式与结构；另一种采用我国传统家具的造型与结构工艺，同时结合西方家具的式样、装饰构件及雕刻纹样。从这些特点中可以明显感受到当时的社会对权力和时尚的热衷以及中西方文化的融合与碰撞。

清代是我国古典家具的最后一个繁荣期，清末由于国力衰退，外敌侵略，战争频繁，各项民族手工艺都遭到了严重破坏，家具艺术也进入衰落期。

第二节　明清陶瓷

一、明代瓷器

明代继承了元代的制瓷技术，在元代青花瓷的基础上烧制出了彩瓷和单色釉瓷。此时，景德镇已成为蜚声世界的瓷都。瓷器品类繁多，在便利的交通条件下，"器成天下走"，远销世界各地。工匠改进了制坯和施釉技术，运用景德镇特有的瓷窑（鸭蛋形窑），大大提高了瓷器产量和品质。在其他地区，瓷器窑口仍在烧造，磁州窑主要生产白釉黑花瓷和黑釉瓷，德化窑出产的白瓷是明代白瓷的代表，人物瓷塑非常有名，享有极高的声誉。龙泉窑规模虽缩小，但青瓷品质很高，釉层呈现玻璃质，透明度较高，釉面莹润，装饰题材和手法多样。江苏宜兴窑此时主要生产紫砂器和宜钧瓷，是中国陶瓷史上的一个独特分支。

元代瓷器很少有款识，但在明代永乐年间，瓷器上开始普遍出现款识，这些款识成为判断瓷器年代归属的重要依据。成化年间，由于胎料更加纯净、精细，泥胎可塑性强，在高温烧造下不变形，所以这一时期多精巧别致的小型器物，"成化无大器"成为明代瓷器的显著阶段性特征。

明代瓷器的主要成就是彩瓷，以下着重介绍几种代表类型。

（一）青花瓷

青花瓷在明代也处于繁盛时期，被誉为"开一代未有之奇"。宣德年间是青花瓷的黄金期，故有"青花贵宣德，彩瓷贵成化"的说法。明代的青花钴料多从波斯进口，器物色泽浓艳，水釉透明度极高，瓷胎轻薄。器物造型典雅、端丽，如梅瓶、玉壶春瓶、瓷熏炉等代表器型常为后世效仿。装饰题材十分丰富，其中仕女图纹样被誉为"明清之最"。青花瓷釉下彩与釉上彩组合，还产生了斗彩，这也是有明一代青花瓷工艺的创新和发展。

（二）五彩瓷

五彩瓷是在白瓷的基础上制作的，白地能够衬托出鲜艳的色彩。釉上彩是在低温色釉的基础上发展起来的，以红、黄、绿为主的多色瓷器。工匠在已经烧制好的施釉白瓷上用多种着色剂（铜、铁、锰等）平涂描绘，然后入窑进行二次低温烧造。五彩瓷出现在宣德年间，嘉靖、万历时期非常兴盛，以民窑出产为主。单纯的釉上五彩瓷不多，五彩瓷器多为釉上彩与釉下青花相配合，也称为"硬瓷"，如"青花五彩"。器物装饰图案生动活泼，有吉祥动物、植物、人物、符号以及小说、戏曲中的故事场景。

（三）斗彩

斗彩又称填彩，宣德年间景德镇窑烧成，成化年间十分流行。斗彩是在釉下青花的基础上，在釉上用红、黄、绿、紫、赭色填实线描轮廓，二次入窑中温烧造而成的。器物釉上与釉下色彩争奇斗艳，缤纷绚丽，又被称为"逗彩"。其釉上着色的手法，被称为青花点彩、青花填彩、青花加彩等。装饰图案多为花鸟、龙纹与海兽。斗彩是成化时期最著名的彩瓷，因技术难度大，是珍贵的官窑出品，有"青花贵宣德，彩瓷贵成化"之说。

（四）素三彩

素三彩于成化年间创烧成功，在弘治、正德年间盛行，是一种不施红彩或极少施红彩的彩花素瓷。它以绿、黄、紫三种颜色为主，但不限于这三种，有时还包括蓝、白。一般来说，在高温烧制素胎前，先刻画装饰纹样，刻画好纹样后，高温烧成无釉素瓷，将作地色的釉施于器表，干燥后，刮去纹样中应施其他颜色的地色釉，再将相应的颜色填涂进去，一次低温烧成。或者在高温烧成素瓷后，施地色釉，纹样部分不施釉，将各种颜色直接填涂到相应的位置，然后低温烧成。素三彩器表具有层次性，色彩搭配素雅，是明代彩瓷中的优秀品类（图6-3）。值得一提的是，清康熙时期的素三彩上出现了蓝彩，蓝彩也成为鉴定这一时期素三彩器物的参考标准之一。

图6-3 明代素三彩荷叶形杯
美国大都会博物馆藏

当然，明代彩瓷还有其他种类，但都不及上述四种影响大，明代以景德镇为中心的规模化瓷器制作、生产、销售，以及官搭民烧的合作方式直接推动了我国制瓷业的发展。

二、清代瓷器

清代制瓷业在康熙、雍正、乾隆三朝达到历史最高水平。景德镇作为制瓷中心的地位更加巩固，有300多个制瓷作坊，绵延方圆十余里。朝廷设有督陶官，御窑厂也设有驻厂官吏。乾隆时期，御窑厂的烧造固定银两得到国家财政的支持，这种状况一直持续到清代结束。乾隆皇帝亲自干预并参与设计，并派官吏监督生产，如督陶官唐英在景德镇守任多年，深入生产第一线，与工匠共同钻研，研发陶瓷新技术，发展生产，推动清代制瓷业走向高峰。

康雍乾三朝也是清代国势最为强盛的时期，包括瓷器在内的各种工艺都获得了长足的发展，瓷器制作更是一派繁华景象。

（一）青花瓷

青花瓷是康雍乾时期的主要外销瓷。康熙青花瓷色泽明快，深浅不一，水釉肥腴；雍正青花瓷色泽淡雅，多仿古器型；乾隆青花瓷色泽暗沉，种类繁多，中西合璧，装饰华丽。康熙青花瓷是手工业制瓷时代品质最佳的青花器类，胎质细腻，光洁莹润。此时已经采用国产提纯钴料，色彩绚丽，深浅有致。装饰主题有山水、花鸟草虫、人物、诗词等，器身留白较少。装饰多采用双勾填色的绘画手法，常仿当时"四王"、吴、恽等名家笔法，格调高雅，在艺术效果上超过了明代。

（二）五彩瓷

清代的五彩瓷在明代红、黄、绿等主要彩色之外，又施金彩、蓝彩、黑彩（图6-4）。康熙时期创烧的釉下低温蓝彩和黑彩，结束了五彩瓷中蓝彩用青花替代的历史，烧制出了真正的釉上五彩。清代五彩，如十二月花卉杯（荷花）、十二月花卉杯（梅花），瓷胎体轻薄，胎质坚硬细密，水釉纯净莹润，胎釉结合完美。器身装饰以绘画手法为主，讲究构图，布局合理，疏密有致。器物多为碗、盘、罐、瓶、笔筒等。

图 6-4　清代五彩仕女图笔筒
代玲摄于四川博物院

（三）粉彩瓷

粉彩瓷（图 6-5）是清代彩瓷中最突出的技术创新瓷器，始烧于康熙晚期，兴盛于雍正时期。它是在五彩的基础上发展起来的釉上彩瓷器，用掺入铅粉的彩绘颜料（着色剂）在烧好的白瓷上作画，烧成后的粉彩瓷颜色鲜明柔和，清新淡雅，色彩层次感强，也称"软彩"。

图 6-5　清代粉彩花蝶纹玉壶春瓶
代玲摄于四川博物院

(四) 珐琅瓷

珐琅工艺可以追溯到宋元时期，明代出现了掐丝珐琅，著名的景泰蓝就是掐丝珐琅器。清代的珐琅器在继承明代珐琅工艺的基础上，结合了西洋画珐琅制作工艺，创造了清代的珐琅瓷。珐琅瓷又名瓷胎画珐琅（图6-6），产生于康熙时期，兴盛于乾隆时期，发展出珐琅彩瓷。珐琅瓷是中国制瓷工艺和西洋画珐琅艺术的有机结合，其釉料与着色剂均为西方人发明的新材料，器物掐丝精美，华丽夺目，装饰题材中西兼备。但由于制作工艺复杂、材料稀缺、成本高昂，仅供皇室内廷享用。

图6-6 清乾隆珐琅彩开光山水诗句瓶宫
北京故宫博物院藏

此外，清代的彩釉瓷品种颇多，有天蓝、粉青、雾青、梅子青、海棠红、茄皮紫、松石绿、月白、乌金、鳝鱼黄、水墨等，数不胜数。最有名的是雍正时期的粉青瓷，出于青瓷而美于青瓷。铜红釉瓷——郎窑红则模仿"宣德红"（宝石红），色彩鲜艳，如牛血初凝，又称"牛血红"。这种瓷器玻璃质感强，有细小开片，釉层肥腴，光彩照人。红釉瓷中除郎窑红外，"豇豆红""海棠红""桃花片""美人霁""娃娃脸"也竞相争艳，美轮美奂。康熙年间，前朝失传的釉里红技术也重获新生。

清代康雍乾三朝后，随着国势的衰弱和日本、西方制瓷业的崛起，以及世界范围内新材料、新工艺的出现，中国传统制瓷业逐渐走向衰落。

中国古代瓷器从汉代开始，沿着丝绸之路被输送到中亚、西亚等地，随后遍及世界各地，丰富了人类的日常器用与生活体验，并将中国人的造物观、物用观、审美情趣，中国工匠的设计理念与高超技艺，以及中华文化传播到全世界，成为人类多元文明共生的器物佐证。

第三节 明清金银器、铜器

一、明清金银器

明清两代处于中国封建社会的后期,在文化发展方面总体上趋于保守。但金银器的制作空前发展,明朝在内廷设银作局,清朝养心殿造办处专门为宫廷制作金银器以供皇族享用。在制作技艺上集前朝之大成,精细工艺令人眼花缭乱,装饰多为象征高贵和权势的龙凤图案,风格越来越趋于华丽浓艳,宫廷气息浓厚,讲究装饰艺术,器型雍容华贵,镶嵌的宝石色彩斑斓,与明清两代宫廷装饰艺术的总体风格相吻合。明清金银器除了具备加工精细的特点,更在造型、纹饰、色彩三者的协调搭配上达到了炉火纯青的境地。

明清金银器迄今所见颇多,但来源却有所不同。其中,明代金银器多出土于帝王公侯的陵墓,清代金银器则以传世品居多,特别是清代皇宫遗存的一大批御用金银器珍品。这些传世佳作中有一部分为宫廷陈设品,用于装点宫室,专供皇帝嫔妃雅玩,其豪华、精巧达到空前绝后的程度。但无论是随葬品还是传世品,大都是明清社会生活的实用器,在很大程度上反映出明清高度发达的金银制造业的生产水平和成就。

明清金银器的特点如下。

1. 金银与珠宝的结合:在明清时期,金银制作技术已达到较高的水平。在当时,手工艺人不仅能制造出单一质地的金银器,还可将玉器与之融合,精准地把握不同材料的特点,巧妙地将其结合,制造出复合材料的艺术品。例如1954年5月出土于江苏苏州五峰山博士坞明弘治进士张安晚家族墓的一件金蝉玉叶,是明代工艺品的代表作之一,颇具艺术价值。它不仅精细小巧、构思精美,而且寓意深刻。居于玉叶中心的金蝉,形制精巧且仅重4.65克,含金量高达95%,金光闪闪。衬托金蝉的玉叶,系以新疆和田羊脂白玉精雕细琢而成,质地呈半透明凝脂状。整个器物蝉叶相衬,金玉匹配,动静结合,逼真雅丽,惊为天成。在制作工艺上,金蝉采用了范铸、锤揲、焊接、抛光等多种工艺,而玉叶在选料精良的基础上,采用了浮雕、圆雕、镂刻等综合技法,充分展现了琢玉技术的成熟。此外,金蝉玉叶还有深刻的含义。首先在选料上,黄金乃白金之王,玉则是石之美者,用金、玉为原料,取意为万物之上等,暗示使用者的身份尊贵,地位不凡。此外,金玉匹配,古时就有"金玉良缘"之赞,也体现了人们对幸福婚姻的追求。同时,汉唐时期服食金玉也有与金石同寿的意思,饱含延年益寿的吉祥之意。

2. 仿古风格的绵延:明清时期,金银器的仿古风格得到延续。金银器多以商周青铜器为原型,但造型一改商周青铜器的古老神秘,而融入了明清的生活气息,符合雍容端庄的明清特点,变得世俗化。如湖南通道侗族自治县发现的南明窖藏银爵、银鼎、银斝、银匜等,都是明代金银器仿古造型的代表。其中银鼎共6件,均为直口、平沿、方唇,口沿上立对称的拱形竖耳。银爵1件,敞口,流短而宽,尾长于流,口间内立两菌状柱,鋬与柱相对,直腹,圆底,三蹄足内空。与银爵使用功能相同的酒器银斝1件,敞口、斜腹,腹部有对称的二鱼状鋬,其中一鋬有残缺,鱼头部长角,角稍高出口沿。平底下接三夔形扁足。这些仿古银器在形制上模仿商周礼器,甚至在制作工艺上也效法青铜器的分铸法,但器型上的装饰图案皆透露着明晚期的生活气息。因此,明清金银器虽有仿古风格的延续,但有明显的明清时代特征。

3. 彰显皇权的金银冠饰:明清金银器风格趋于奢华,金银制造工艺的成熟对其有一定的影响。皇室所需的金银冠饰更是要求精益求精,彰显皇权。在制作方法上,大量采用垒丝工艺,并镶嵌各色宝石,使金银器显得华贵雍容、富丽非凡,与佩戴者身份相匹配。如北京定陵出土的金丝冠就可以感受到明清金银冠饰的制作工艺之高超。万历皇帝的金丝冠是我国现存唯一的帝王金冠。金冠用极细的金丝编织而成,薄如蝉翼,轻似纱冠。金冠样式与乌纱帽相似,由前屋、后山、两角三部分组成。其中后山高起于前屋后部,且攀附有两条蟠龙,张口吐舌,正中为一圆珠,总体呈二龙戏珠的图样。金丝冠在制作上经历了搓金丝、掐丝、编织、填丝、垒丝、焊接等多道工序,集中反映了明代金银细工复杂高超的水平。

4. 充满富贵的陈设器与宗教祭器:明清时期,金银器的制作已汇集了中国几千年的制作工艺,呈现出空前繁荣的局面。皇亲贵族、富商巨贾、地方豪绅对金银器的钟爱也达到顶峰。皇家更是将这份喜爱表达到极致,将其用于典章、祭祀、陈设、佛事、生活等各个方面。相较历代金银器,明清金银器趋于大型化,以彰显拥有者的身份和地位。如现藏于北京故宫博物院的金铁树延年益寿盆景,虽是陈设品,但具有一定的象征意义,也尽显富贵之气。此作品底部是六角形的银盆,腹部饰有六福仙人祝寿图,分别为"王母仙驾""老君炼丹""仙女采桃""老子乘牛""童子献寿""曼倩(东方朔)偷桃"。仙人形象刻画细致,无不体现匠人工艺高超。盆内是以纯金制成的铁树,铁树枝干伴有鳞状纹,与底部作龙首的枝权相呼应。树顶中心还有五条螺旋形的金丝各焊接着一只小巧玲珑的蝙蝠。此陈设品的铁树寓意长寿,金制铁树更意味着长寿者有享不尽的荣华富贵。金丝上的蝙蝠更是有"五福捧寿"的象征。宫中其他陈设品也同样充满富贵之气。

在清代,出于统治者的需要,佛教文化盛行,宫中的佛教陈设品种类丰富,形制风格各具千秋,金银制品更是不胜枚举。据悉,清宫中的佛堂近50个,供奉着大量的金银质地的佛塔、佛阁、佛像等,可见清代高度完整的金银器制作工艺及装饰技艺。

二、明清铜器

在明清的金属工艺中,最具特色并有突出成就的是宣德炉、景泰蓝和画珐琅。

(一)宣德炉

宣德炉是明朝王室祭祀宗庙及陈设玩赏的铜制器皿。据《宣德鼎彝谱》记载,宣德三年初,暹罗国(今泰国)进贡了数万斤精制"风磨铜",这触动了皇帝改善郊坛、太庙及内廷鼎彝陈设的想法。因在此前的几千年里,鼎器多以青铜铸造,难以达到灿烂如宝的光泽效果。宣宗皇帝随即命工部重新制造宫廷鼎彝之类祭器。为达至精致美观、富丽堂皇，命当时著名匠师吴邦佐、李澄德等64人在负责人张护、许百禄的监督下，参考了历代陶瓷及青铜器的形式和纹样（如《博古图》《考古图》《祥符礼器图》等相关古籍），从中选取较好的图式作为蓝本，同时借鉴宫内所藏宋代定窑、汝窑、官窑、钧窑的精品。这些能工巧匠汇集京城，选用金、银、锡、镁等几十种贵重金属与铜料多次精炼，铸造出一批精美绝伦的鼎彝铜器，其中焚香炉即"宣德炉"。

宣德炉制作采用鎏金、渗金、金屑等方法，合金冶炼，制成青绿、黄褐、古铜等多种颜色。鎏金色有局部上色，浑金则形成碎玉、雪片、雨点等各种斑点，呈现金属的色泽美。其造型多参照古代铜器和瓷器样式，加以变化创造，使各个部分形制均具有平衡协调之美。炉口收放适中，炉腹曲线充满旋律，炉耳大小、位置得当，炉足稳定平整。宣德炉炉口忌薄，多为圆形，少量为矩形，又可根据唇的形态分为平口、侈口、反唇口、卷边口等。圆形炉口口径少至二寸五分，大致八寸二分，方形炉口边长为五至八寸。炉耳形制十分丰富，多至50余种，兽形炉耳主要有鱼耳、螭耳、狮耳、象耳等。此外还有冲天耳、桥耳、如意耳、环耳、连珠耳等较为典型和常见。炉腹形态多为圆形鼓出状，给人以圆润、流畅之感。常见鼓墩炉的炉腹起伏弧度稍小，炉口下方不收口，口足部基本等距，而另一种橘囊炉炉腹下部似去皮橘瓣状并向内收口，造型奇特，数量较少，主要供皇上进柑御筵之用。炉足也是形制多样。除了圈足、三足、乳足等常见的形态，还有兽足和器物足。兽足主要有马蹄足、象鼻足、凤足等，器物足有如意足、云头足、花足等。可谓集各式造型之大成。

宣德炉的装饰图案也因使用者身份、使用场所、形制不同而各不相同，但大多数情况下，装饰图案寄托了古人对美好生活的向往与憧憬，带有吉祥寓意。宣德炉在某些款型上保留了一部分青铜器纹样，包括神话动物纹如饕餮纹、凤鸟纹、夔龙纹等，现实动物纹如鸟纹、鱼纹、象纹等，几何图案纹如云雷纹、涡纹、波纹等。但随着社会制度和纹样功能的变化，纹样的宗教性和政治性逐渐减少，人们更多地追求器物本身天然、纯粹的本色之美，不加过多的装饰。

宣德炉有三种燃香方式，分别为燃烧、熏灸和自然发香。香草、沉香木及合香必须燃烧才能发香，龙脑之类的树脂性香品多采用熏灸方式，香油等液态香品自然挥发即可。

宣德炉的功能也有所增加，除了应上层礼制需求，供奉神祇之外，在日常生活中也有除秽暖房之用。此外，宣德炉还是"明代文房珍玩之首"，成为文人墨客焚香读书的必备品，供文人雅士欣赏把玩。

后代有仿造铸作的，也有私家制作的，统称为宣德炉。后期的宣德炉随朝代更替，社会文化环境变化而改变，造型上从抽象变为具象，纹样上从简雅变为繁复，材质上也更加丰富，功能也从实用扩大到观赏。万历天启年间，京师（北京）施家所造，称为北铸；金陵（南京）甘文堂所造，称为南铸；苏州蔡家所造，称为苏铸。此外，胡文明、张鸣岐以及徐守素、周文甫、汤子祥等，都是当时铸铜的著名能手。代表作有明崇祯年间的冲天耳金片三足炉。此炉形体饱满，双耳峻峭，耳孔虽为半圆，但下部两角圆润可爱，口微侈，肥腹下垂，底亦凸坠，三足略丰，足底宽平，较同时期的作品不同，是明清铜炉中鲜见之物。炉之皮色沉韵贵重，茶墨中和，所点金水如绒似云，大小参差，赤光璀璨，奇彩荡影。还有清康熙年制燕台施氏精造马槽炉，原铜包浆，年久温养，为自然天成之腊茶色，赤色蕴黄。文房之炉，多细、精、小，马槽之炉，历来为文人崇尚，定制如此大的宣炉，应为大家之用。此炉宽长合度，高低适中，双耳谐称，四足规矩，是宣德炉中的罕见精品。

（二）景泰蓝

景泰蓝是明代著名的一种金属工艺。实际上，"景泰蓝"一词在辛亥革命前后才被采用。而且，蓝也并非专指蓝色，正如现在该行业仍称点蓝、烧蓝一样，蓝应是"发蓝"一词的简称。景泰蓝的名称现已为人们所熟悉、通用，它的正式学名应为铜胎掐丝珐琅。景泰蓝工艺的艺术特点可用形、纹、色、光四字来概括。一件精美的景泰蓝器皿，首先要有良好的造型，这取决于制胎；还要有优美的装饰花纹，这产生于掐丝；华丽的色彩决定于蓝料的配制；辉煌的光泽完成于打磨和镀金。所以，它是集我国传统工艺中造型、色彩、装饰于一体的一种特种工艺。北京故宫博物院收藏的宣德款掐丝珐琅缠枝莲纹碗是明代宣德年间制造的。碗收腹，圈足。内壁通施蓝色珐琅釉为地，在朵朵祥云和杂宝纹之中掐饰双龙追火球纹。外壁一周施白色珐琅釉为地，以"S"形串联起6朵红、黄、墨绿色缠枝莲花，布局规矩对称，纹饰绚美富丽。明代宣德款掐丝珐琅器是目前所见中国古代掐丝珐琅器最早有纪年款识的制品。

又如北京故宫博物院藏明代掐丝珐琅靠背椅，其为海棠式椅。背部环绕扶手，靠背顶端朝后卷，靠背与海棠形座面之间以瓶式立柱相连。扶手前端镶铜镀金双立螭纹。靠背椅通体施蓝色珐琅釉为底，靠背板上饰万字锦地纹，纹上饰金底红色篆体"寿"字。下部饰红、绿、蓝多色双螭。座面采用落堂，中心低凹，边沿高起，边沿上饰龟背纹，座面中心处饰掐丝勾云纹和填绿釉螭纹，座面之下为壶门式牙板，椅面边壁及四腿均饰红、黄、白、绿等色缠枝莲及黄色龟背锦纹。四条腿足直下，与四瓣花形托泥相接。从目前已知的明清家具、珐琅器看，珐琅椅的存量并不多。该椅展现了明清时期中国古典家具与珐琅工艺的成熟，两种工艺的结合更显出古代工匠精湛的技艺与不凡的想象力。

清代景泰蓝在继承明代传统的基础上有所创新。清初设有"珐琅作"，康熙五十七年与造办处合并，生产珐琅制品。康熙时期的景泰蓝，掐丝细密均匀，但釉色不及明代。品种有瓶、盒、香薰、香筒等。乾隆时期的景泰蓝制造最为繁荣。圆润坚实，金光灿烂，做工超过明代。色彩有天蓝、宝蓝等，并新创粉红、绿、黑等色。其多用锦地。品种很多，小如笔床、砚盒、轴头，大到桌椅、床榻、屏风、屏联，都有制作。与其他工艺如漆器、镶嵌、画珐琅等相结合，流行各种技法的综合运用。道光时期，有用黄、红、粉红作地色的。清代末年，由于景泰蓝成为出口商品，曾一度复兴。当时北京经营景泰蓝的有老天利、洋天利、德兴成、达古斋等商号。北京故宫博物院藏掐丝珐琅凫尊，凫昂首站立，身上的羽毛向后飘，长尾向前卷。凫背上开一圆槽，装连椭圆形尊。凫身以绿色为地，以掐丝为纹，以彩釉饰羽毛。尊以浅蓝色珐琅为地饰勾莲纹和太极图。凫又叫野鸭、鹜，其名因与"福"字同音，所以多用于工艺品，在观赏时先博得口彩，十分吉利，因此是古代宫中非常受欢迎的陈设品。

北京故宫博物院藏乾隆款胭脂红蓝地轧道珐琅彩折枝花纹合欢瓶，通高16.8厘米，口径6.8厘米，足径7.5厘米。瓶体双联式，盘口，短颈，溜肩，圆腹，束胫，圈足微外撇。附双联式盖，盖顶置金色宝珠形钮。瓶内壁施松石绿釉。瓶身造型奇特，为两瓶重合造型，用色大胆碰撞，左瓶与右瓶以胭脂红、蓝地交错而下，在外壁装饰轧道工艺，彩绘折枝花卉纹。外底施白釉，自右向左署蓝料彩篆体"大清乾隆年制"六字单行款。此瓶造型优美，设计精巧，在清代宫廷档案中被称为合欢瓶。轧道工艺是乾隆时期出现的工艺，该工艺耗时长、技术要求高、难度大。要在珐琅彩色地上用铁锥划出细如毫芒、宛如凤尾状的花卉纹。在轧道地上绘花卉图案，具有铜胎画珐琅的艺术效果。此种工艺颇为费工，清宫内务府记事档中称这种纹饰为"锦上添花"。

（三）画珐琅

画珐琅，也称铜胎画珐琅，它是与明代铜胎掐丝珐琅相比较而言的。两者的主要区别在于：一个是掐丝显现花纹，然后填以珐琅料；一个是涂以珐琅后，再在上面画出花纹。过去，人们总认为画珐琅是从外国传来的，实际上它是掐丝珐琅的一种演进。从现有材料看，清代画珐琅产生于康熙时期，兴盛于乾隆时期。画珐琅的造型有杯、碗、盒、盘、炉、瓶等。装饰花纹有花卉、山水等，基本上是绘画式，这是清代画珐琅的共同特点。色彩极为丰富，有红、粉红、黄、土黄、杏黄、浅黄、绿、浅绿、深绿、蓝、浅蓝、紫、黑、白、赭、雪青等。雍正时期的画珐琅，以鼻烟壶一类最流行。

乾隆时期出现了大件画珐琅器皿，并且画珐琅被应用到家具如桌、椅、屏等的制作中。如北京故宫博物院藏乾隆款画珐琅牡丹纹海棠式花篮，花篮作海棠花瓣式，上安设提梁。花篮通体以黄色珐琅釉为地，用红色珐琅描绘牡丹花四朵，花朵盛放，娇艳无比，其间点缀红、蓝两色的小荷花，寓意富贵祥和。花篮造型规整，色彩艳丽，釉质精纯，晕染细腻，品质上乘，为传世佳作。还有一件画珐琅花鸟纹瓶，侈口，直颈，鼓腹，圈足。内壁施浅蓝色珐琅，口、足沿镀金。通体以红色珐琅为地，用红、绿、蓝、粉、黄、白等色彩绘太湖石、牡丹、玉兰、绶带鸟等图案。画面用晕染技法，浓淡有致，画风写实。红色珐琅使画面呈现出鲜艳、热烈的色彩效果。

第七章 设计应用

第一节 产品设计的符号

中国传统器物从古至今一直在不断传承与发展，这其中包含了器物演进之道以及古人设计之道的智慧，这些都值得当代设计者在倡导中国创造的大背景下进行深入学习与研究。当代设计者的研究重点在于使中国传统文化与现代社会生活自然融合，这种融合不仅仅是图形、色彩、造型、工艺、材料的融合，也是文脉、观念、智慧的融合。我们力求从传承的本质来研究中国传统器物，启迪现代创新思维，从而设计出富有中国风范的现代产品。

一、设计符号学概述

符号是一种信息传播的手段，是一种简化认识事物的方法，是能指、所指与意指的结合。设计符号学是将符号学理论运用于设计实践，从而提高设计作品的语言表达能力和发挥其精神象征功能的学科。设计符号学始于20世纪50年代的德国乌尔姆设计学院，是在现代符号学的基础上发展起来的，最早应用在建筑设计，后来在工业设计、平面设计等领域被广泛运用，派生出了建筑符号学、产品符号学、广告符号学等理论学科。20世纪80年代，西方学者还提出了专门研究工业产品形态的"产品语义学"。因此，设计符号学对当代设计影响深远。

设计符号学将产品分为语义、语构、语用和语境四个维度，不仅反映产品本身的形态、色彩、材质、纹理、功能、结构、性能等外在形象，而且能够解读产品背后的意象，如文化、艺术、社会、故事、情境等内涵。

1. 语义维度：要求产品的符号语言具备可理解性、易传播性、独特性、时代性、审美性和技术性。

2. 语构维度：产品的形态、材质、色彩本身没有特定的构成规则，但是由于审美功能和实用功能要求产品的形态、材质、色彩等单元符号必须遵循一定的语法规则，围绕特定的语义组合而成，因此，形成了认知组合的构成法则。

3. 语用维度：用户的思维模式和用户的文化背景。器物在过去某个时间段是在一定的环境下被人"使用"的，而对器物的再设计需要解读这一"使用"背后的故事，发掘文化内涵。语用维度需要研究器物是在什么样的特定历史情境下被设计、制造和使用的，以及对当代产品设计有何借鉴意义。

4. 语境维度：作为产品符号的背景，主要涉及信息使用者、接收者的心理性、社会性和文化性因素。语境广泛地包含于产品符号相关的使用者、时间、环境、情境、符号使用的前提背景等复杂因素。

总之，在设计符号学理论的指导下，设计师需要详细分析器物元素的符号学特征，并与产品设计的形态要素，如造型、色彩、材质等进行映射，将产品形态要素从审美形式上升为符号学意义上的语义创造，使得器物的语义信息（包括显性语义和隐性语义）既可以存储又可以传递。

二、设计符号的提取与运用

设计符号学符合设计师的思维模式、设计程序和方法，被广泛应用于文化创意设计中。设计艺术大师格罗皮乌斯曾经说过："真正的传统是不断前进的产物，它的本质是运动的，不是静止的，传统应该推动人们不断前进。"在进行文创产品设计时，如何恰当地使用符号，有效地延续传统文化的魅力，使国人获得文化认同并重拾文化自信已成为当代设计师的重要命题。设计师在进行具体设计时，往往会先进行视觉要素（色彩、图形、造型）和意象要素的提取。

（一）色彩提取

色彩提取即通过对器物的配色进行分析，将提取出的颜色进行归纳和总结。色彩提取主要有两种方法：一是根据器物的配色直接提取和应用；二是对器物的色彩元素进行归纳和优化，再通过 PS、AI 等设计软件将提取出的色彩进行调整，使得配色既来源于器物，又符合现代的审美情趣。

（二）图形提取

图形提取即将器物表面的纹饰提取成位图或矢量图。图形提取的方法主要有两种：一是机器提取，采用扫描、拍摄等方法采集器物图像，用抠图的方式将前景与背景区分开来，获得位图，便于设计时直接使用；二是人工提取，用设计软件临摹、描绘器物中的纹饰，将不清晰、线条不流畅、残缺和不规整处通过临摹描绘补全、优化，得到符合设计师需求的矢量素材。

在完成初步的图形提取后，我们可以通过以下三种方法思考如何对纹饰本身进行理解性转化，为产品设计的艺术表现力添砖加瓦。

1. 基本形改造：传统器物中的许多纹饰直接应用于产品表面时，会显得十分生硬且不合时宜，因此在选择恰当的纹饰后，可尝试在保留纹饰原有艺术特点的基础上，对其进行基本形改造，使其更加符合现代审美，且与现代产品产生有机联系。

2. 概括与提炼：对纹饰进行概括和提炼是指将纹饰内容进行分析提取，保留具有典型意义和核心价值的部分，使其更加简洁凝练，强化其形象特征，融入更多现代气息，同时也有助于在产品设计中更好地注入传统韵味。

3. 解构与重组：首先，对纹饰的解构是基于对纹饰内涵的把握，将各部分先按照结构进行合理拆分。其次,重组建立在一定规则之上,需要按照一个基本的逻辑将打散的形重新进行组合,使其在保留原有艺术基因的基础上,呈现出符合现代审美的形态。

例如"蜀彩之乐"系列玩具设计(图7-1)主要提取了川剧的服饰色彩和外观造型并与儿童玩具相结合。在深入研究川剧文化的基础上对川剧的基本元素进行提炼重组,将川剧服饰色彩、造型与人物外观进行搭配,将它们以可视形式融入玩具当中,使其吻合当下的审美观念。在儿童玩具设计中使用其造型赋予玩具全新的意义,在美化玩具的同时提高产品的独特性,更重要的是能在生活中潜移默化地传达川剧文化的影响。

图7-1 "蜀彩之乐"系列玩具设计

作者:杨丹　　指导老师:张鸶鸶

(三)造型提取

造型提取即针对器物的外轮廓进行概括,例如归纳罐、壶、瓶、炉、盘、碗等的特征,便于设计师结合当下的使用需求进行再设计。造型提取的要领不仅仅是贴合人机关系,追求产品造型的自然状态与视觉审美,还要通过基于产品结构的合理设计,不断调试磨合,以适应现代生活的功能需求,达到产品设计形式与功能的统一。

在国家大力支持文创行业发展的背景下,很多设计公司和设计师都在大力打造"文化IP"。熊猫作为我国的国宝,是现今文创市场当之无愧的"IP之王"。著名设计师夏科先生设计的"熊猫盖碗"(图7-2)便是其中的代表之一。盖碗茶是巴蜀百姓传统的茶饮之一,使用一种上有盖、下有托、中有碗的茶具,又称"三才碗",盖为天、托为地、碗为人。盖碗茶相传是唐德宗建中年间由西川节度使崔宁之女在成都发明的,其盛行于清代京城权贵之家,后来各地都流行开来。如今,成都人喜欢的茶与大熊猫一样深受世界各地游客的喜爱。可以说盖碗茶与熊猫共同体现了成都人的生活习惯、成都的地域特色和文化传统。"熊猫盖碗"的海报设计非常简洁,主题为"礼遇天府","熊猫盖碗"不仅是一份礼遇,也是一方水土孕育的文化产物。

图 7-2 熊猫盖碗

"熊猫盖碗"的杯盖处由三个半圆构成,这是对熊猫的视觉特征及其设计语言的提炼。它的漩口设计(图 7-3 左图)能够有效防止茶水外溢,而它的底托(图 7-3 右图)则是镂空设计,能增强产品稳定性。通过它的立体装配图,我们可以看到它保留了盖碗的原始结构。而关于该作品中的留白设计,设计师夏科认为这与国画中的留白处理相似。"Non design",并不是没有设计,而是去设计化,设计不露痕迹,同时又保留许多细节,简约而不简单。

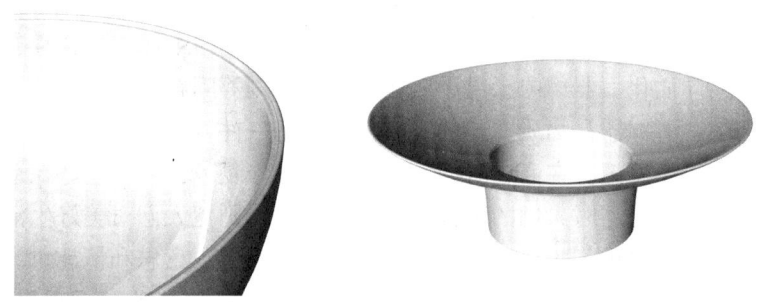

图 7-3 漩口、底托

金熊猫里程杯(图 7-4)由四川古格王朝品牌设计顾问有限公司授权,其与四川航空联合出品,以中国元素、四川味道、物化情怀带领生活时尚,圆融和美,一杯匠心。设计以盖为天、托为地、碗为人,于庭院、于坊间、于机舱,盖碗在手,心旷神怡。托底距离均衡,托身口沿圆滑,寓意团团圆圆。杯体大方美观,杯盖金白相间,栩栩如生。色泽白腻,形神兼备,釉若凝玉,味映汤色,实属绝品。极简设计,繁复工艺,品质卓越。

图 7-4　金熊猫里程杯

由匠人情怀而发，夏科和廖天浪两位设计师共同开辟了文创盖碗的新时代。天坛盖碗以北京天坛祈年殿为创作灵感，精选德化上乘高白玉，工艺精湛，并通过专利认证。天坛盖碗将层叠收缩结构应用于杯盖之上，既是对天坛的致敬，又是人体舒适工程学的独创性表达，强调握感与实用性。他们潜心探究天坛盖碗的每处细节，力求完美，努力将中国精神符号融于器物之美，于一器一皿中书写一部空间美学锻造史，演绎中国文化精神。

（四）意象要素提取

器物意象要素提取指针对器物的使用情境、象征意义、审美特征、历史文化、民间典故进行提取，通过充分的挖掘和解读来提取器物中的文化因子、艺术因子、历史因子，解决文创产品同质化、器物内涵错用或运用不够深刻等问题。

以青铜器为例：青铜器是物质文化的实体呈现，每一件青铜器中都或多或少包含了中国的传统文化与哲学思想。在商周时期，青铜器纹饰繁复，工艺精湛，在造型和纹饰上充满神性表达，反映了当时人们的鬼神观。而秦汉铜器则把人们对美好生活的向往和追求通过铜镜等日用器皿进行表达，体现了当时人们的思想、意志和情趣。

中国传统器物的传承，不仅需要在符合现代人生活方式的基础上不断改良、创新，还要能够体现普遍的社会价值、审美情趣，在产品设计中合理融入文化寓意，在满足实用功能的同时提供更丰富的精神内涵，使人获得愉悦与共情，并将优秀传统文化之精髓永久地传承、延续。

在许燎源设计的青铜作品（图7-5）中，那些原本已在漫长的历史长河里逐渐成为冰冷符号的青铜器，似乎再一次回到了人们的生活之中，正如数千年前的古人使用它来饮水、祭祀、演奏悦耳的音乐一般，让人们重新拾起对青铜器的文化记忆。青铜器不只是一个历史符号，它本身所拥有的绚丽夺目的色彩以及变化莫测的形态，也能够在当代设计中体现器物之美。

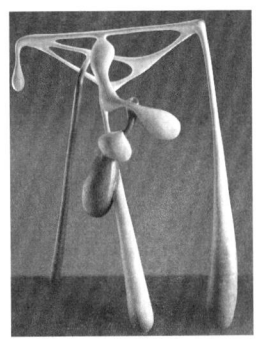 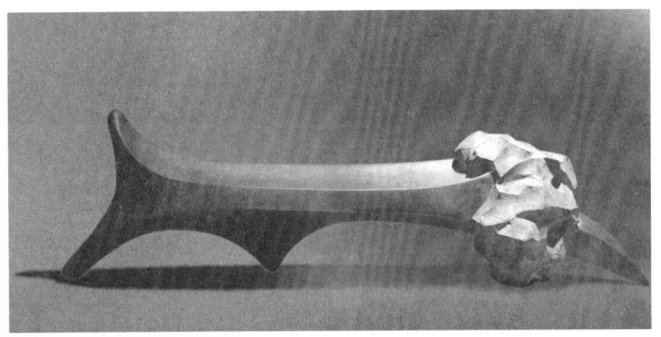

图 7-5　许燎源青铜器设计作品

三、基本设计方法

设计师通过深度解读器物本体，在提取了视觉要素与意象要素之后，对器物就拥有了更加深入全面的了解，可以通过解构重组、自由联想、功能转化、故事烘托等手法进行文创产品设计，并结合当下的时代潮流、审美特征，平衡传统与现代，实现两者在形式、内涵、精神层面的创造性结合。

（一）解构重组

解构重组是指将器物造型结构或图形分裂、打散，提炼最基础的易识别元素，再与其他元素重组。例如在成都大学学生的"汉青碎片"立体拼图文创设计（图 7-6）中，就运用了解构重组的设计方法，将四川博物院西周象首耳卷体夔纹铜罍的造型打散重组，进行各种组合方式的"头脑风暴"，通过精确计算，最终完成该作品。

图 7-6　"汉青碎片"立体拼图文创设计

作者：陈亚辉　朱奇嘉　　指导老师：王婧劼　张鹭鹭

获"第六届川博杯文创产品设计大赛"银奖

（二）自由联想

自由联想是由某种事物想到另一种事物的思维过程，是一种用发散性思维来迸发创意的方式。按联想事物之间的关系，自由联想可以分为相似联想、接近联想、对比联想、仿生联想和仿形联想等。

例如在傈僳族文字文创衍生品（图7-7）设计中，以傈僳族独特的语言文字作为出发点进行联想。通过前期调研，设计选取傈僳族古籍《祭天古歌》中的文字作为主要设计元素。因其中涉及内容偏向宗教，联想到以熏香作为产品载体，从而使得产品形式与内涵都能符合宗教文化属性，且人们在日常生活中也能通过这样的产品体会到傈僳族的文化特色。

图7-7 傈僳族文字文创衍生品
作者：李春慧 指导老师：张鹭鹭
获"第六届川博杯文创产品设计大赛"优秀奖

如图7-8所示，神鸟系列饰架将三星堆青铜神树与鸟的形象融合，表现了三类典型鸟形器物：优雅的鸾凤、律动的太阳神鸟、狡黠的鹰形鸟。作品中的九条曲线象征青铜神树的九根枝条及九只太阳神鸟，代表古蜀国的太阳和神鸟崇拜。产品材质选取黄铜、青铜及不锈钢，寓意巴蜀青铜器从吉金到青绿再到当代的时间流淌痕迹。其可作为女性饰品架及空间陈设之用。

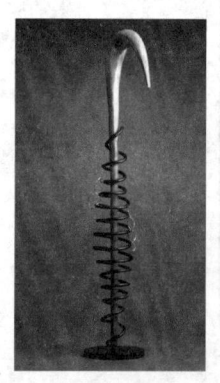 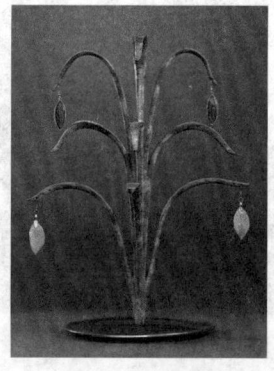 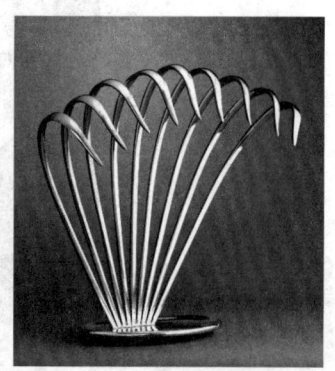

图7-8 神鸟系列饰架
作者：张鹭鹭

(三)功能转化

功能转化指的是利用器物本身的功能或根据器物造型、图案创作出具有其他功能的文创产品,此类产品能够让大众在现代生活中体验古人的生活经验,以连接古今情感。

例如三星堆青铜器衍生车载挂饰(图7-9)的设计,以巴蜀文化中的三星堆文化和蜀锦为设计重点。三星堆文化拥有青铜器、城市、文字符号和大型礼仪建筑;而蜀锦则有2000年的历史,是一种具有汉民族特色和地方风格的多彩织锦。两者都是巴蜀文化的最好见证和标志。以车载挂饰为设计载体,纹样的提取和与蜀锦材料的搭配为传统巴蜀文化提供了现代转化的更多可能性。作为汽车周边产品,青铜器的纹样和蜀锦材料的应用也赋予了挂饰产品更多美好的寓意,更能和现代人的精神需求相契合。

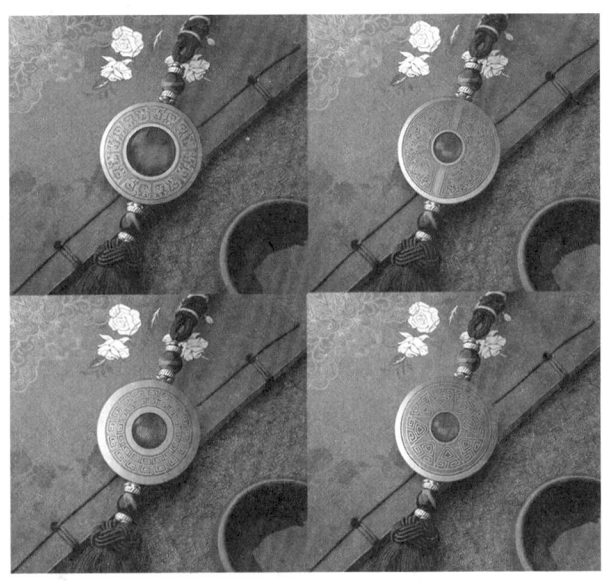

图7-9 三星堆青铜器衍生车载挂饰

作者:李春慧 朱奇嘉 指导老师:张鸶鸶

获"第二届全国汽车创意设计大赛"金奖

(四)故事烘托

故事烘托是指通过了解器物背后的历史文化、民间典故等,设计师可以有意识地、选择性地将历史文化润色,嫁接于文创产品中,赋予文创产品文学性、历史性,给予器物温度,让器物活起来,在当代流传。

武术作为中国传统文化的瑰宝,对世界文化产生了深远的影响。唐时的中国是当时世界上极为强盛的国家,与世界交流频繁。文,出现大量名家;武,将相人才辈出。唐朝大将秦琼使用的十八般兵器中的锏等声誉远播。十八般武艺兵器折扇(图7-10)就是以此为设计灵感而创作的具有大唐风韵的文创产品,以俗称为十八般武艺兵器的"刀、枪、剑、戟、棍叉、耙、鞭、锏、锤斧、钩、镰、扒、拐、弓箭、藤牌"为蓝本,将传统文化表现在折扇中,由此来展现止戈为武、文武双全之寓意。

·中国传统器物·

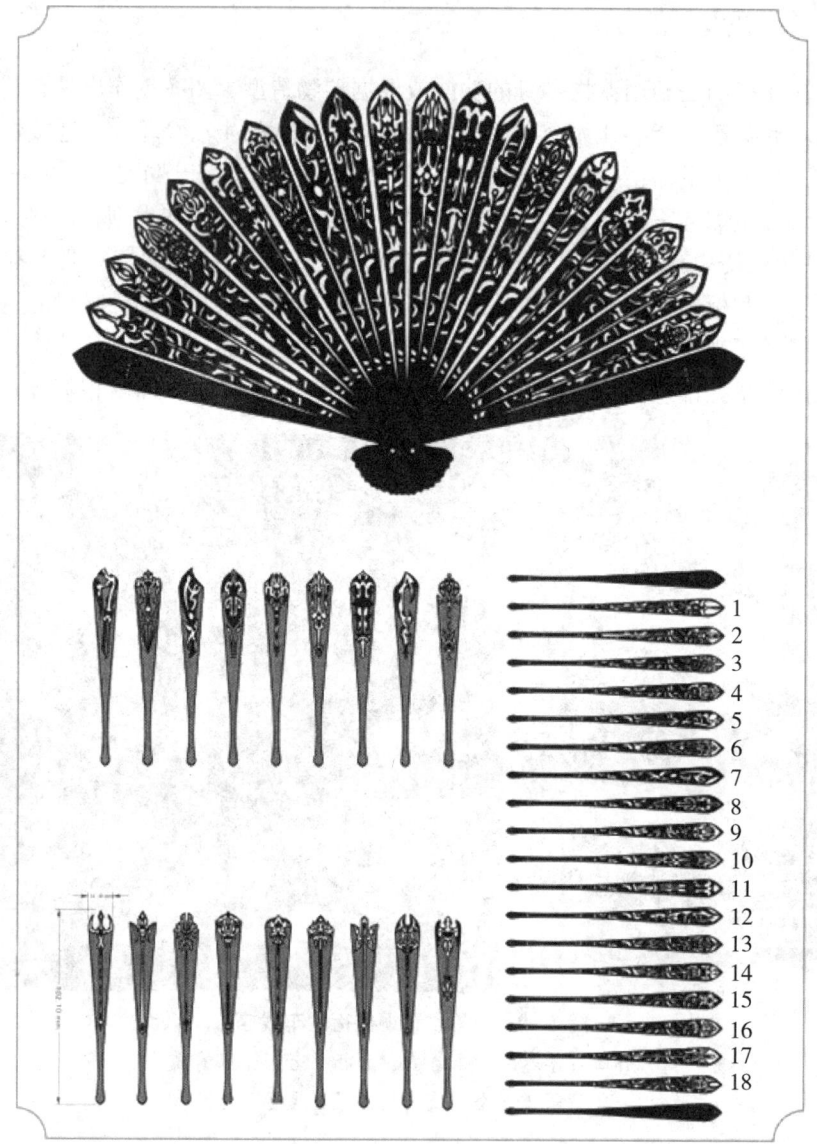

图7-10　大唐风韵——十八般武艺兵器折扇
作者：雷雁沙　高艺师
获"第七届川博杯文创产品设计大赛"铜奖

  当今的消费者越来越强调产品带来的情感体验，产生了多层次、多样化、个性化的需求。文化因素能够增强产品的识别性，以文化研究为基础的创新设计从用户的感性认知出发，在很大程度上满足了消费者的情感需求。

  设计符号的制造者（设计师）和接受者（使用者）必须对产品的符号拥有共同的认识，否则两者就无法建立起沟通的关系。对产品符号的解释是通过设计师和使用者在各自编码和解码中产生的意义决定的。因此，设计师作为产品符号的制造者，对符号的解释如果不能被使用者接受，那么设计师所创造的产品符号是没有任何意义的，设计也是无法成立的。

第二节 产品语义设计

我们在生活中遇见电灯开关、门把手和易拉罐等物品时，可以快速且正确地判断出使用它们的方法，但是在这种现象的背后，我们却鲜有思考：究竟是什么促使我们掌握了正确操作及使用手法？这便需要提及产品语义学。首先我们可以从产品和语义这两个词的定义说起。产品是指作为商品提供给市场，被人们使用和消费，并能满足人们某种需求的事物（包括有形的物品、无形的服务、组织、观念或它们的组合）。语义是指语言所蕴含的意义。产品语义学由克里彭多夫（Krippendorf）和布特（Butter）于1983年正式提出，英文为 Product Semantics。他们认为一件好的产品，不仅要具备物理功能，还应该向使用者揭示或暗示具体使用方法，就好像是"会说话的产品"。所以当我们看到图7-11所示的产品时，这些产品仿佛在告诉我们"按一下开关""拧一下把手""抠一下拉环"等。

图7-11 生活中常见的电灯开关、门把手和易拉罐

产品语义学的主要研究内容是消费者的行为和习惯以及产品的形式和功能。我们从消费者行为与习惯开始阐述。如图7-12所示，老式遥控器上面密密麻麻地布满了按键，功能指向非常清晰，使用它所存在的问题主要体现在寻找按键所需花费的时间较长和大部分按键使用频率较低。另一款是新款遥控器，已经简化到没有任何图标、文字，对于这款遥控器，用户该如何使用？为什么会出现如此大胆的设计？这是因为智能时代逐渐培养起了用户的行为习惯——长期使用一件产品或同类产品所形成的行为习惯。然而值得思考的问题接踵而至：为何上、下按键是声音，而左、右按键是切换频道？这些其实是在中国用户的行为习惯下生成的，因为在我们的行为习惯中，大多将切换频道描述为"上一个节目、下一个节目"，而在英语国家调节音量时则会说"Turn down, turn up"。这些容易被忽视的非常细微的行为模式，实质上已经与区域文化、行为习惯息息相关。

图 7-12 老式遥控器（左）与新款遥控器（右）

形态是指事物在一定条件下的表现形式及其组成形式，包括形状与情态两个方面。形态的信息包括体量、尺度、形状、色彩、肌理、构成等。简而言之，就是事物呈现在我们面前的一种状态。功能指事物的能力以及功效，例如水杯的功能是盛水、电灯的功能是照明等。我们能够观察和感知的是产品，我们能够使用到的是功能，而"会说话的产品"则能告诉我们如何使用其功能。所以，一件好的产品，它的形态和功能之间应是什么样的关系？我们可以从具体案例中分析学习。

例如有角度的图钉（图 7-13），文职工作人员大多会有拿起一把小刀撬动图钉的经历，而这款图钉只需要轻轻一抬就可以解决问题。

图 7-13 有角度的图钉

图 7-14 所示水瓶的设计细节体现在瓶口上，解决了接水时瓶口对不准及不方便接水等问题。此外，在喝水时，也不用继续将瓶子举高，这对驾车人员而言，能够极大地降低遮挡视线造成事故的概率。当然，尽管如此，我们还是需要尽量避免开车喝水这种

存在安全隐患的行为。

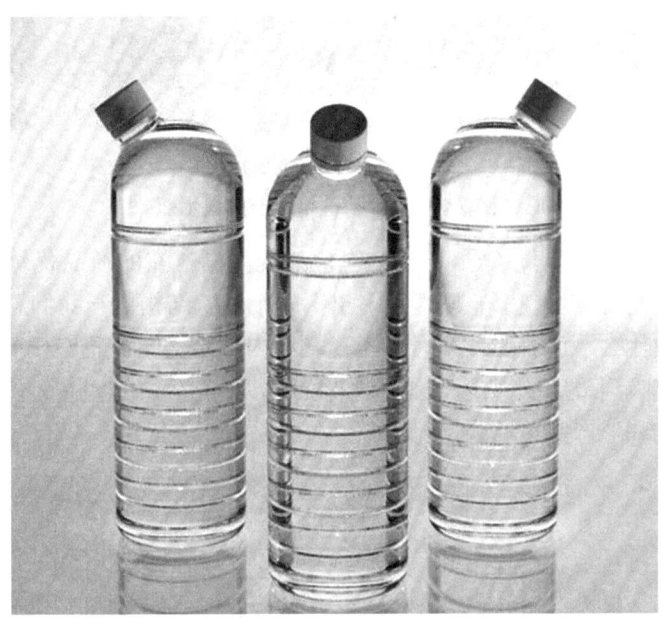

图 7-14　瓶口设计优秀的水瓶

有些人会觉得图 7-15 左侧的设计带来的用户体验较差，因为这种老式门闩存在误伤使用者的可能，而右侧 45 度角的折叠设计，既安全又美观。

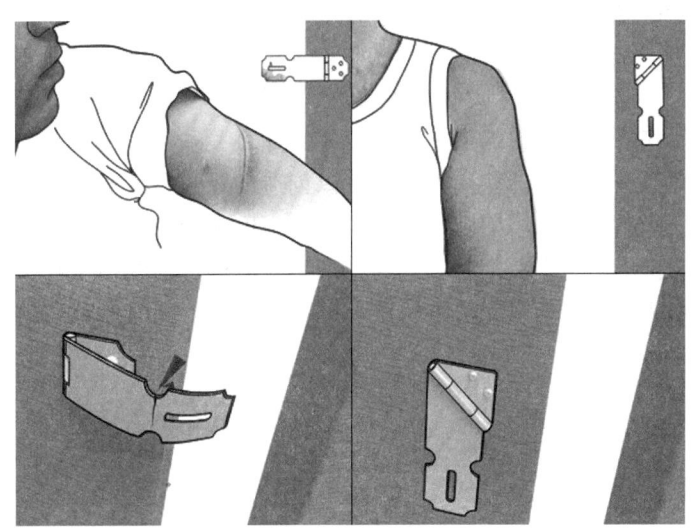

图 7-15　老式门闩与可 45 度角折叠门闩

图 7-16 中有三个品牌的墨水瓶，从外观来考虑，你会选择哪一款？当它们的价格分别为 3 元、5 元、99 元时，你又会选择哪一款？

·中国传统器物·

红岩墨水　　　　老板牌墨水　　　　Lamy墨水

图7-16　三款价格不一的墨水瓶

为什么右侧Lamy墨水（图7-17）售价如此高昂？它的产品优势是什么？通过行为习惯分析，我们可以发现Lamy墨水多出了一个球状结构。当我们思考用户吸完墨水后的下一步会做什么、还需要什么时，通过它的内部结构图，我们便可以发现墨水瓶中的球状设计能够吸到最后的墨水。这个细节说明，要充分研究消费者的行为习惯，好的设计需要将功能和形态完美结合。

图7-17　拥有特殊构造的Lamy墨水

那么，一件好的产品，它的形态和功能应是什么关系呢？

功能要合理地满足用户的使用需求，并以创造良好的生活空间为目的，符合人们健康的生活习惯。产品形态除了美观以外，还必须正确地储存与传递产品的功能信息，即能够给予消费者正确使用产品的暗示。通过消费者对形态的感知与对功能的认知，人与产品之间便能构建起一座信息交流的桥梁，这就是产品语义学的意义。

主要参考文献

[1] 朱琰. 陶说 [M]. 北京：商务印书馆，1936.
[2] 张孝光. 彩陶与彩绘陶器 [M]. 北京：人民美术出版社，1985.
[3] 刘萱堂，魏愫兰，童志国. 中国古代器物图典 [M]. 长春：吉林美术出版社，1993.
[4] 包桂红. 中国文物小丛书·陶器 [M]. 兰州：甘肃文化出版社，2014.
[5] 段清波. 中国古陶器 [M]. 武汉：湖北美术出版社，2001.
[6] 曹淑琴，殷玮璋. 青铜器史话 [M]. 北京：社会科学文献出版社，2000.
[7] 杜廼松. 中国古代青铜器简说 [M]. 北京：书目文献出版社，1984.
[8] 马承源，陈佩芬. 中国青铜器 [M]. 上海：古籍出版社，2003.
[9] 杜乃松. 中国青铜器发展史 [M]. 北京：紫禁城出版社，1995.
[10] 陕西省文物事业管理局. 陕西陶俑精华 [M]. 西安：陕西人民美术出版社，1987.
[11] 乔十光. 漆艺 [M]. 杭州：中国美术学院出版社，2000.
[12] 长北. 髹饰录析解 [M]. 南京：江苏美术出版社，2017.
[13] 龚国强. 与日月同辉·中国古代金银器 [M]. 成都：四川教育出版社，1998.
[14] 贺云翱，邵磊. 中国金银器 [M]. 北京：中央编译出版社，2008.
[15] 申秦雁. 陕西历史博物馆珍藏·金银器 [M]. 西安：陕西人民美术出版社，2003.
[16] 朱启新，廖望春. 中国文物小丛书·金银器 [M]. 兰州：甘肃文化出版社，2012.
[17] 齐东方，陈灿平. 中国古代物质文化史：金银器 [M]. 北京：开明出版社，2019.
[18] 沈从文. 唐宋铜镜 [M]. 北京：中国古典艺术出版社，1958.
[19] 管维良. 中国铜镜史 [M]. 北京：群言出版社，2013.
[20] 孔祥星，刘一曼. 中国古代铜镜 [M]. 北京：文物出版社，1984.
[21] 裘士京. 铜镜 [M]. 合肥：黄山书社，1995.
[22] 叶喆民. 中国陶瓷史纲要 [M]. 北京：轻工业出版社，1989.
[23] 叶喆民. 中国陶瓷史 [M]. 北京：生活·读书·新知三联书店，2011.
[24] 吴仁敬，辛安潮. 中国陶瓷史 [M]. 北京：团结出版社，2006.
[25] 王琥，王浩莹. 设计史鉴：中国传统设计技术研究·技术篇 [M]. 南京：江苏美

术出版社，2010.

[26] 李正中，王伟凯. 中国唐三彩 [M]. 天津：天津人民出版社，1997.

[27] 李正中，朱裕平. 中国青花瓷 [M]. 天津：天津人民出版社，1994.

[28] 阎良存. 唐三彩 [M]. 西安：三秦出版社，2001.

[29] 任民之. 两宋瓷器 [M]. 深圳：中国鉴赏出版社，2003.

[30] 杨俊艳. 辽金瓷器 [M]. 北京：北京美术摄影出版社，2006.

[31] 李纪贤. 宋元青瓷 [M]. 上海：上海人民美术出版社，1998.

[32] 程晓中. 青瓷 [M]. 济南：山东科学技术出版社，1997.

[33] 张跃进. 明清瓷器 [M]. 福州：福建美术出版社，2007.

[34] 肇靖. 明清彩瓷 [M]. 北京：文物出版社，1987.

[35] 陈立立. 清代青花瓷 [M]. 济南：山东美术出版社，2007.

[36] 贺云翱. 中国金银器鉴赏图典 [M]. 上海：上海辞书出版社，2006.

[37] 曹燕萍，吕建昌. 金银器 流金岁月 [M]. 上海：上海书店出版社，2003.

[38] 卢伟业. 香之道：铜炉香蕴 [M]. 杭州：西泠印社出版社，2013.

[39] 龙宗鑫. 中国工艺美术简史 [M]. 西安：陕西人民美术出版社，1985.

[40] 呼林贵，刘恒武. 替代殉葬的随葬品——中国古代陶俑艺术 [M]. 成都：四川教育出版社，1998.

[41] 刘亚群. 话说陶俑 [M]. 北京：紫禁城出版社，2009.

[42] 《中华文明》编写组. 历代陶俑 [M]. 北京：朝华出版社，2020.

[43] 文物编委会. 文物资料丛刊（7）：巴蜀铜器纹饰图录，巴蜀兵器及其纹饰符号，西昌附近古代火葬墓，清固龙雍穆长公主墓 [M]. 北京：文物出版社，1983.

[44] 刘渝. 巴蜀兵器虎图形性质新说 [J]. 重庆工学院学报（社会科学版），2007（8）：94－98.

[45] 张鸳鸳. 巴蜀青铜重器"象首耳卷体夔纹铜罍" [J]. 福建茶叶，2020，42（4）：394.

[46] 张立东. 青铜器的发展之路 [J]. 美成在久，2020（2）：80－85.

[47] 时溪蔓. 商周青铜器的发展研究 [J]. 兰台世界，2013（28）：116－117.

[48] 李冬玉. 商代青铜器纹饰种类与作用 [J]. 邢台学院学报，2012，27（3）：57－59.

[49] 白兰. 中国古代文明与青铜器的发展 [J]. 收藏家，2006（10）：69－74.

[50] 王钰锋，胡慧. 从神坛走向生活——我国古代青铜器造型与纹饰演变原因析 [J]. 邵阳学院学报，2005（6）：112－114.

[51] 宋潆. 青铜器纹饰风格的演变 [J]. 长春师范学院学报，2005（4）：53－55.

[52] 段渝. 巴蜀青铜文化的演进 [J]. 文物，1996（3）：36－47.

[53] 陈显丹. 广汉三星堆青铜器研究 [J]. 四川文物，1990（6）：22－30，81.

[54] 杜廼松. 中国古代青铜器发展述略 [J]. 史学月刊，1989（1）：1－11.

[55] 李先登. 试论中国古代青铜器的起源 [J]. 史学月刊，1984（1）：3－10.

[56] 宋治民，王有鹏. 大邑县西汉土坑墓 [J]. 文物，1981（12）：38－43，53.

[57] 曹元启，王学良. 山东五莲张家仲崮汉墓 [J]. 文物，1987（9）：76－83.

[58] 马幸辛. 四川达县市曹家梁东汉墓 [J]. 考古, 1995 (1): 28-29, 80.

[59] 郭仁. 北京怀柔城北东周两汉墓葬 [J]. 考古, 1962 (5): 219-239.

[60] 郝红星, 刘洪淼, 李祺. 河南巩义市新华小区汉墓发掘简报 [J]. 华夏考古, 2001 (4): 33-51.

[61] 信立祥, 雷云贵, 屈盛瑞. 山西朔县秦汉墓发掘简报 [J]. 文物, 1987 (6): 1-52, 98-103.

[62] 呼林贵, 孙铁山, 李恭. 西安东郊国棉五厂汉墓发掘简报 [J]. 文博, 1991 (4): 3-18, 97-100.

[63] 王川平, 刘豫川. 重庆市临江支路西汉墓 [J]. 考古, 1986 (3): 230-242, 293-294.

[64] 吴雪平. 中国古代漆器的设计之美 [J]. 艺术探索, 2012, 21 (3): 91-93.

[65] 崔延子, 丁沙玲. 流光溢彩的民族瑰宝·中国工艺美术 [M]. 北京: 高等教育出版社, 1995.

[66] 彭修银. 民族美学（第1辑）[M]. 北京: 中国社会科学出版社, 2012.

[67] 吴杰. 清式家具风格初探 [J]. 大众文艺, 2014 (5): 96.

[68] 温耀龙. 浅谈清式家具三大名作 [J]. 现代交际, 2010 (8): 62-63.

[69] 陈烨, 宋魁彦. 明式家具与清式家具的比较分析 [J]. 山西建筑, 2014 (16): 248-249.

[70] 李心宇. 明式家具的概念及历史渊源 [J]. 收藏家, 2019 (6): 3-8.

[71] 莫沃佳, 许继峰, 宋明亮, 等. 木雕艺术与清式家具 [J]. 艺术·生活, 2005 (6): 52-53.

[72] 朱上上, 罗仕鉴. 产品设计中基于设计符号学的文物元素再造 [J]. 浙江大学学报（工学版）, 2013, 47 (11): 2065-2072.

[73] 徐博文. 中国传统器具在现代传承中的设计启示 [J]. 设计, 2012 (2): 10-11.

[74] 杨盼盼. 文物符号解读与文创产品设计方法研究 [J]. 中国博物馆, 2017 (3): 45-49.

[75] 张鸳鸳, 卓月如. 三星堆鸟形器物的造型艺术研究 [J]. 四川戏剧, 2020 (12): 73-76.

[76] 甘肃省博物馆. 武威雷台汉墓 [J]. 考古学报, 1974 (2): 87-109, 174-191.

[77] 倪玉湛. 夏商周青铜器艺术的发展源流 [D]. 苏州: 苏州大学, 2011.

[78] 明光昊. 三星堆青铜器的审美特征 [D]. 上海: 华东师范大学, 2010.

[79] 杨远. 夏商周青铜容器的装饰艺术研究 [D]. 郑州: 郑州大学, 2007.

[80] 李绍明, 林向, 赵殿增. 三星堆与巴蜀文化 [M]. 成都: 巴蜀书社, 1993.

[81] 郭天天. 略论战国秦汉楚地髹漆技术及其当代沿用 [D]. 杭州: 中国美术学院, 2013.

[82] 段渝. 论早期巴文化——长江三峡的古蜀文化因素与"早期巴文化" [M] // 重庆市博物馆《巴渝文化》编辑委员会. 巴渝文化（第3辑）. 重庆: 重庆出版社, 1994.

历代经典器物

新石器时代前期　人面鱼纹彩陶盆
中国国家博物馆藏

新石器时代后期
涡纹双耳四系彩陶罐
中国国家博物馆藏

新石器时代仰韶文化陶瓶陶钵
大英博物馆藏

新石器时代舞蹈纹彩陶盆
中国国家博物馆藏

新石器时代
蛋壳黑陶高柄杯
山东省文物考古研究院藏

新石器时代
大汶口文化陶鬶
美国哈佛艺术博物馆藏

西周早期何尊
宝鸡青铜器博物院藏

西周晚期毛公鼎
台北故宫博物院藏

西周象首耳卷体
夔纹铜罍
四川博物院藏

西周牛首耳铜罍
四川博物院藏

Ⅰ号大型
青铜神树
三星堆博物馆藏

三星堆的各类鸟形器物
三星堆博物馆藏
卓月如摄于三星堆博物馆

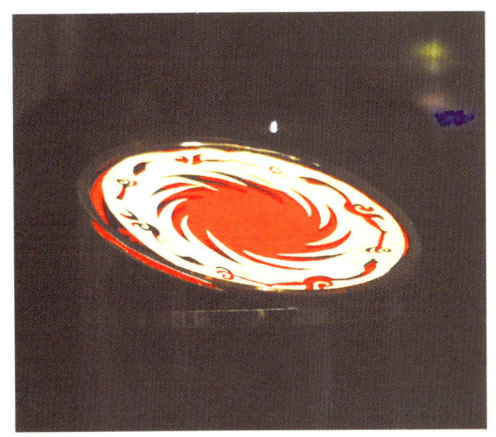

商周太阳神鸟金饰

成都金沙遗址博物馆藏

商周大金面

成都金沙遗址博物馆藏

中级军吏俑　　秦跪射俑　　秦骑兵鞍马俑

秦始皇陵兵马俑

秦始皇帝陵博物院藏

击鼓说唱俑　　立式说唱俑

东汉说唱俑

代玲摄于四川博物院

西汉长信宫铜灯

河北博物院藏

西汉青铜雁鱼灯

江西省博物馆藏

汉代十三盏铜连枝灯

甘肃省博物馆藏

西汉椒林明堂豆形铜灯
河北博物院藏

西汉豆、卮组合铜灯
徐州博物馆藏

西汉鎏金铜熏炉
河北博物院藏

西汉错金博山炉
河北博物院藏

秦"修武府"温杯
咸阳博物院藏

汉连弧纹铜镜
成都博物馆藏

西汉鎏金银
蟠龙纹铜壶
河北博物院藏

西汉铜扁壶
徐州博物馆藏

秦汉青铜蒜头壶
云梦祥山博物馆藏

西汉提梁铜奁
徐州博物馆藏

东汉四耳蹲蛙青铜鼓
成都武侯祠博物馆藏

西汉彩绘漆龙鸟纹圆盘
北京故宫博物院藏

唐代银鎏金龟负
"论语玉烛"酒筹筒
镇江博物馆藏

唐代伎乐纹八棱金杯
陕西历史博物馆藏

隋至初唐瑞兽葡萄纹镜
台北故宫博物院藏

唐代金银平脱四凤纹铜镜
美国克利夫兰艺术博物馆藏

唐代越窑青瓷执壶
日本东京国立博物馆藏

唐代邢窑白釉四系瓜棱罐
宿州市博物馆

唐三彩陶罐
代玲摄于四川博物院

辽三彩水注壶
美国哈佛艺术博物馆藏

元代景德镇窑青花釉里红镂雕盖罐
北京故宫博物院藏

南宋菊花金碗
彭州市博物馆藏

南宋龙纹夹层银杯
彭州市博物馆藏

南宋五曲金盏
彭州市博物馆藏

南宋瓜形金盏
彭州市博物馆藏

南宋如意云头纹银经瓶
彭州市博物馆藏

南宋银熏炉
彭州市博物馆藏

元代"闻宣造"镀金团花八棱银盒
南京博物院藏

元代朱碧山银槎
北京故宫博物院藏

元代张成造剔红
栀子花纹圆盘
北京故宫博物院藏

元代张成造剔犀云纹漆盒
安徽博物院藏

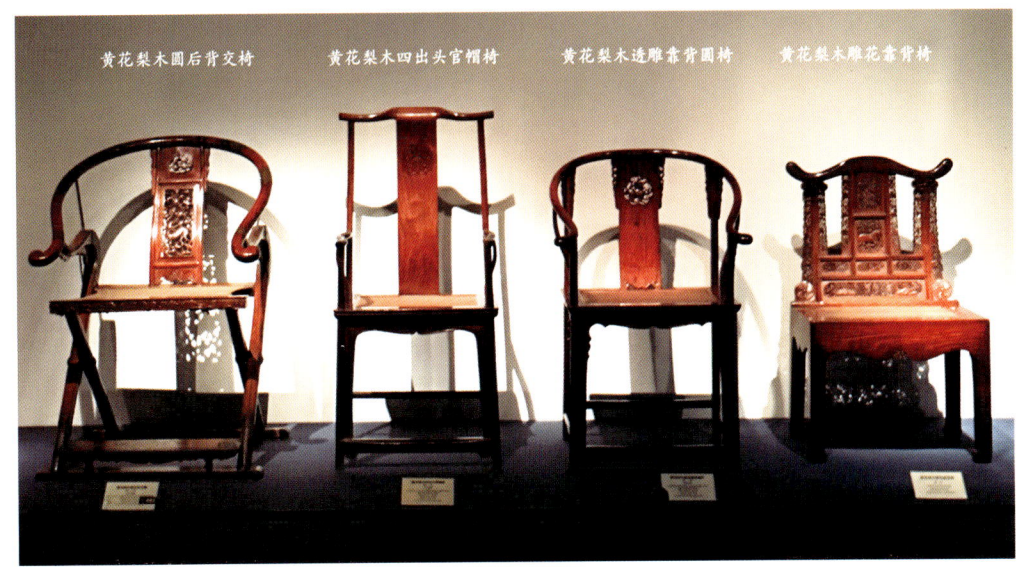
明代座椅
张鸳鸳摄于上海博物馆

明代中期青花
"三国人物"梅瓶
代玲摄于四川博物院

明嘉靖青花莲鹤纹素狮纽瓷熏炉
四川博物院藏

清康熙十二月花神杯(莲花)
四川博物院藏

清康熙十二月花神杯(杏花)
四川博物院藏

明代金蝉玉叶饰件
南京博物院藏

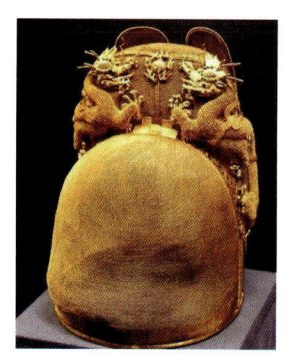

明万历金翼善冠
定陵博物馆藏

清代金铁树延年益寿盆景
北京故宫博物院藏

清代银簪花缠枝西番莲纹杯
北京故宫博物院藏

 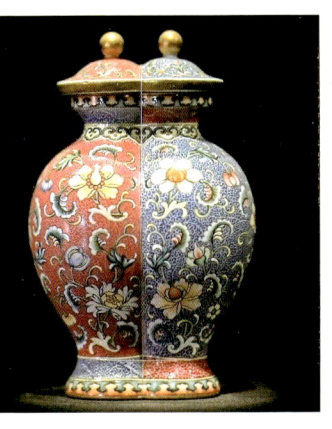 

清中期掐丝珐琅凫尊　　　清乾隆款胭脂红蓝地轧道　　　清乾隆款画珐琅牡丹纹海棠式花篮
北京故宫博物院藏　　　珐琅彩折枝花纹合欢瓶　　　北京故宫博物院藏
　　　　　　　　　　　　北京故宫博物院藏

神鸟系列Ⅰ

29.6cm×36cm　作者：张鹭鹭

神鸟系列Ⅱ

50.6cm×40cm　作者：张鸳鸳

神鸟系列Ⅲ

18cm×60cm　作者：张鸳鸳

宝墩物语文创设计

作者：杨蛟

"熊猫阿福"文创盲盒
成都麒童文化创意有限公司出品

三星伴月"萌宝天团"盲盒
成都麒童文化创意有限公司出品

2019 天坛盖碗(左)　礼遇天府·熊猫盖碗(右)
四川古格王朝品牌设计顾问有限公司原创设计作品

大唐风韵——十八般武艺兵器折扇
作者：雷雁沙　高艺师
获"第七届川博杯文创产品设计大赛"铜奖

奇妙·三星堆 旅游设计

作者：许蕾　　指导老师：张鸶鸶

获"第二十八届时报金犊奖·天府文化青年创意设计奖"金奖

"神官赐福"系列文创

作者：许蕾　　指导老师：张鸶鸶

"凤求凰"系列文创产品设计
作者:徐婷　　指导老师:成瓅　张鸶鸶
获"邛窑杯""一带一路"国际文创设计大赛一等奖

胡顶顶唐高温三彩胡人顶灯
作者:艾彤　　指导老师:张鸶鸶
获"邛窑杯""一带一路"国际文创设计大赛二等奖

《蜀彩之乐》系列儿童玩具设计

作者：杨丹　　　指导老师：张鸳鸳

获"邛窑杯""一带一路"国际文创设计大赛二等奖

拔得头筹——不倒翁贯耳瓶玩具

作者：杨雨桐　　　指导老师：张鸳鸳

获"邛窑杯""一带一路"国际文创设计大赛优秀奖

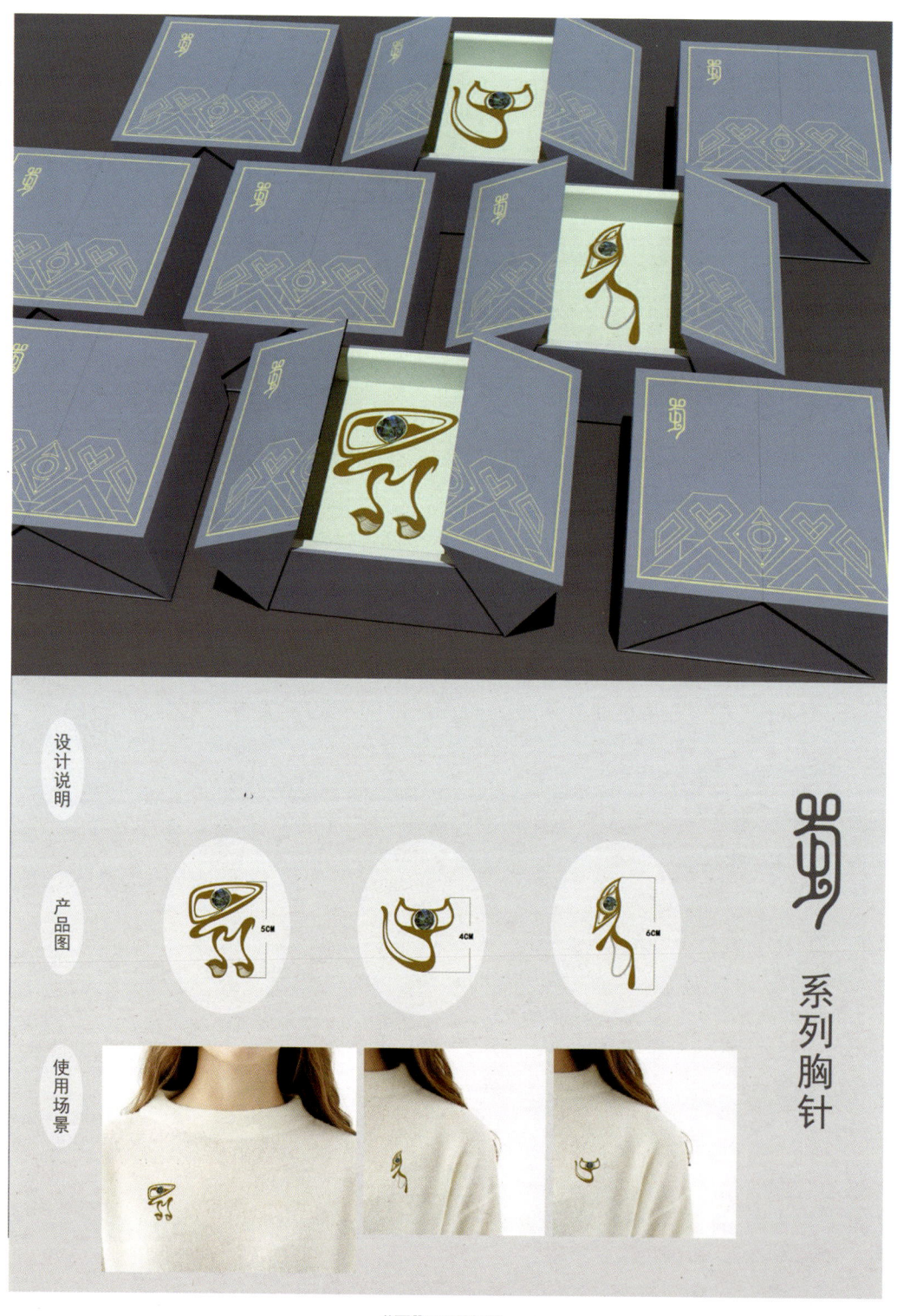

"蜀"系列胸针
作者：黄倩　　指导老师：张鸳鸳
获"邛窑杯""一带一路"国际文创设计大赛优秀奖

时间物语

作者：余紫潺　　指导老师：张鹭鹭

获2016第九届中国大学生计算机设计大赛一等奖

八仙纹品

作者：段启佳　　指导老师：张鹭鹭

获四川省第八届大学生艺术节一等奖、第十届中国大学生计算机设计大赛二等奖

祥龙九子

作者:王静贤　　指导老师:王婧劼

获 2017 第十届中国大学生计算机设计大赛一等奖

俑乐

作者:吴华容　　指导老师:张鸳鸳

获 2017 第十届中国大学生计算机设计大赛二等奖

"食茶"铜茶具设计

作者：罗广州　　指导老师：张鸳鸳

获 2018 年四川省工业设计大赛一等奖

"汉韵"酒器设计

作者：张秋秋　　指导老师：张鸳鸳

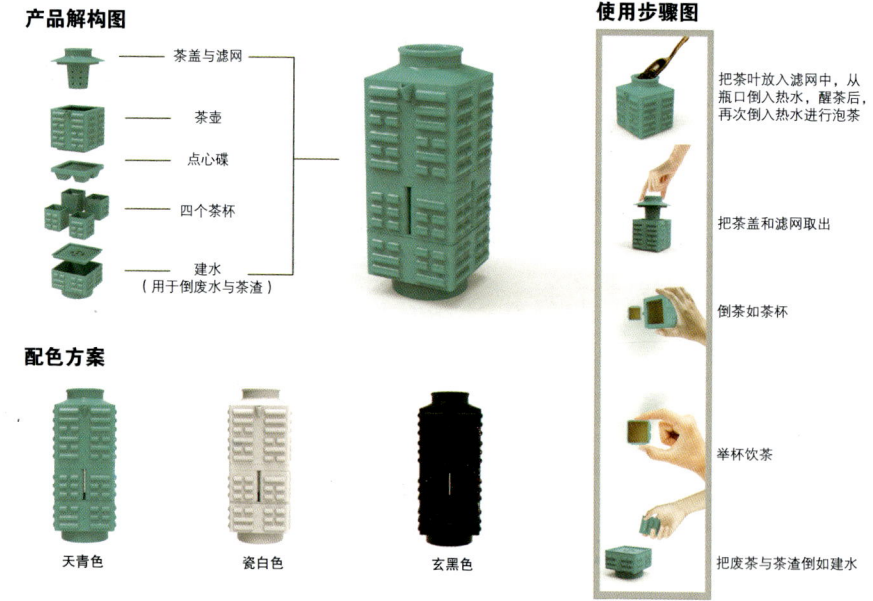

"八卦纹琮型瓶"茶具组合

作者：麦浩原　　指导老师：张鸳鸳

获 2021 成都时尚消费品创意设计大赛家居组金奖